예수 그리스도의 생애와 사역

제 3 권

네비게이토 출판사

THE LIFE & MINISTRY OF JESUS CHRIST

BOOK Ⅲ

From His Last Entry into Jerusalem to the Resurrection and Ascension

네비게이토 선교회는
국제적이며 복음적인 기독교 기관이다.
예수 그리스도께서는 자기를 따르는 자들에게
"너희는 가서 모든 족속으로 제자를 삼으라"
(마태복음 28:19)는 지상사명을 주셨다.
네비게이토 선교회는 세계 모든 국가에서
예수 그리스도의 일꾼들을 배가시켜
이 지상사명의 성취를 돕는 것을
근본 목표로 하고 있다.

네비게이토 출판사는
네비게이토 선교회의 문서 선교를 담당하고 있다.
본 출판사에서는 그리스도인의 영적 성장을 돕는
서적과 자료들을 출판하여,
그리스도인의 삶의 기초가 견고한
헌신된 제자로 성장하게 하고,
나아가 성숙한 인격과 지도력을 갖춘
일꾼이 되도록 돕고 있다.

THE LIFE AND MINISTRY OF JESUS CHRIST
NavPress
A Ministry of the Navigators
P. O. Box 6000, Colorado Springs,
Colorado 80934, USA
Korean Translation

표지 그림은 고대의 양털 깎는 도구로서, 세상 죄를 지셨던 하나님의 어린양
예수님의 후기 사역을 상징적으로 나타낸 것입니다(요한복음 1:29).

차 례

서 문

누가는 사도행전 서두에 다음과 같이 적고 있습니다. "내가 먼저 쓴 글에는 무릇 예수의 행하시며 가르치시기를 시작하심부터…승천하신 날까지의 일을 기록하였노라"(사도행전 1:1-2). 예수 그리스도의 생애와 사역은 세 권으로 된 성경공부 교재로서, 예수님의 행하심과 가르치심, 나아가 예수님의 인격을 배우고 닮는 삶을 돕기 위해 만들어졌습니다.

이 교재는 성경의 진리를 자기 자신의 삶에 적용하는 것을 강조하고 있습니다. 이 공부를 통해 예수님의 삶과 사역에 대한 실제적인 지식을 얻게 될 뿐만 아니라, 자신의 삶이 더욱더 그리스도를 닮아 변화되어 가는 경험을 하게 될 것입니다. 예수님처럼 생각하고 예수님처럼 행하는 삶을 배움으로써 당신은 더욱 예수님을 닮아 가게 될 것입니다.

이 교재는 A. T. 로버트슨의 *A Harmony of the Gospels*(Harper & Brothers社, 1950)를 기초로 하여 만들어졌습니다. 이 책은 주님의 생애와 사역을 한눈에 보여주기 위해 예수님의 생애에 있었던 4복음서의 사건들을 연대순으로 배열해 놓고 있습니다. 어떤 사건들, 이를테면 오천 명을 먹이신 기적 등은 4복음서에 모두 기록되어 있으나, 어떤 사건들은 한 곳에만 기록되어 있는 경우도 있는데, 예를 들면 예수님께서 니고데모와 대화하신 이야기는 요한복음에만 기록되어 있습니다. 마가복음은 연대순으로 기록되어 있는 반면, 다른 세 복음서, 특히 마태복음은 연대순보다는 주제를 따라 기록되었습니다. 마태복음 10장에 나오는 한 사건은 마태복음 5장에 기록된 사건보다 앞서 일어난 것입니다(104쪽의 도표 참조).

4복음서가 연대적으로 일치하지 않는 것처럼 보이는 또 한 가지 이유는, 예수님께서 3년 반 동안의 사역 기간에 여러 번 같은 진리들을 가르치셨고, 같은 비유들을 말씀하셨으며, 비슷한 이적들을 행하셨기 때문입니다. 마태는 예수님께서 사역을 시작하실 무렵에 있었던 일에 많은 분량을 할애하여 산상수훈의 내용들을 기록한 반면(마태복음 5장-7장), 누가는 예수님의 비슷한 가르침들을 예수님의 사역 전체에 걸쳐서 기록하고 있습니다(누가복음 6:17-49, 11:1-13, 13:22-30). 이런 것들은 서로 모순되는 것들이 아니라, 다만 유사한 여러 사건들에 대한 기록인 것입니다.

본 성경공부 교재에서는, 복음서에 기록된 예수님의 생애와 사역 가운데 일어났던 사건들을 모두 다 다룬다는 것은 불가능하기 때문에 주요한 사건들만 다루었습니다. 이 사건들에 대한 공부는 4복음서에 나오는 모든 구절에 대해서 연구하고 토의하는 식으로 진행되는데, 이 책의 뒤에 있는 로버트슨의 '도표로 본 예수 그리스도의 생애와 사역'에 정리된 순서와 성경 구절들을 중심으로 공부를 해나가게 될 것입니다.

이 공부를 통해 얻을 수 있는 유익 가운데 하나는 당신이 이 세 권의 책을 모두 마쳤을 때, 어떤 의미에서는 예수 그리스도의 생애와 사역에 대한 당신 자신의 해설서를 가지게 되는 것입니다. 3권은 1, 2권과 더불어 당신이 필요로 할 때마다 예수님의 삶에 대한 참고서로서 유익하게 쓰일 것입니다. 감추인 보배를 찾듯 성경 말씀을 탐구하고, 묵상하고, 적용함으로써, 이제 당신은 예수 그리스도의 생애와 사역에 대한 당신 자신의 해설서를 쓰게 되는 것입니다.

3권에서는 예수님의 마지막 예루살렘 입성으로부터 부활과 승천에 이르기까지 이땅에서의 마지막 7주간의 생애와 사역에 대한 공부입니다. 사람들 가운데서 보내신 이 마지막 기간 동안 예수님께서 어떻게 자신의 생애를 마치며 사역을 마무리하셨는지를 살펴볼 것입니다. 즉 예수님의 고난과 죽음, 장사되심, 부활, 승천, 또한 제자들에게 주신 지상사명을 통해 어떻게 복음이 계속해서 세상에 전파되어 나가게 하시며 자신의 사명을 성취하셨는지를 주목해 보게 될 것입니다.

이 공부를 통해 당신은 오늘날 당신의 삶과 사역을 위한 많은 교훈들을 발견하며, 교훈들을 당신이 처한 상황에 맞게 적용할 수 있을 것입니다. 이 책에서 우리는 "세상 죄를 지고 가는 하나님의 어린양"(요한복음 1:29)으로서의 예수님을 밝히 보게 될 것입니다.

공부하는 방법

기도는 이 공부를 통해서 최대의 유익을 얻기 위한 열쇠입니다. 공부를 할 때마다 기도로써 주님의 도우심을 구하십시오.

성경 말씀의 의미를 잘 깨달을 수 있는 영적인 지혜와, 그 진리를 당신 자신의 삶에 적용할 수 있는 지혜를 주시도록 기도하십시오.

참고 자료

당신이 공부할 것은 성경 그 자체로서, 4복음서와 사도행전 1장입니다. 그러나 이 성경공부에 필요한 모든 자료를 성경에서 다 찾을 수는 없으므로, 참고 자료들이 도움이 될 것입니다. 다음과 같은 몇 가지를 추천합니다.

1. 성서 사전 또는 성서 백과 사전
2. 최신 성서 지도
3. 성서 핸드북
4. 관주 성경
5. 성구 사전
6. A Harmony of the Gospels

이에 대한 몇 가지 자료들이 각주와 참고 문헌란(103쪽)에 소개되어 있습니다.

지 도

각 장 첫머리에 팔레스틴의 일부 지역을 나타낸 지도가 있습니다. 이 지도 위에 1세기 팔레스틴 지방에서 예수님의 사역이 이루어졌던 지역의 위치나 지명을 기록해 나갈 것입니다. 제1권 1장과 제2권 4장에는 예수님의 활동 무대를 전반적으로 알아보기 위해 다른 장들과 달리 팔레스틴 지역 전체를 보여 주는 지도가 소개되어 있습니다. 그 밖의 지도들은 각 장별로 그 장에 나타난 특정한 지역들만을 찾아보도록 되어 있습니다.

당신이 공부하고 있는 지역에서 무슨 일이 일어나고 있는가를 실감나게 느끼기 위해, 공부를 시작할 때 지도의 빈 곳을 채워 완성하십시오. 이를 통해서 예수님과 제자들의 사역의 실상과 활동 반경을 보다 현장감 있게 파악할 수 있을 것입니다.

교재 뒤에 나와 있는 지도를 활용하면 각 도시와 지역의 위치를 파악하는 데 도움이 될 것입니다. 물론 팔레스틴 지역과 그 밖에 성경에 언급되어 있는 중요한 지역들이 잘 나타나 있는 크고 자세한 지도를 참조해도 좋습니다.

문 제

이 공부에 나오는 문제들은 예수님의 행적과 대화 이면에 있는 내용들을 좀더 깊이 있게 생각할 수 있도록 해줄 뿐 아니라, 사실적인 정보를 제공해 줄 것입니다. "왜" 또는 "어떻게"라는 질문에 답하기 위해서는 때로 창조적이고 진취적인 사고가 필요할 것입니다. 어떤 문제의 여백들은 다 채울 필요가 없는 것들도 있습니다. 의견을 묻는 질문도 있는데, 이것은 옳고 그름을 가리자는 것이 아니고 토의에 활력을 불어넣기 위한 것입니다.

각 단락마다 주제와 연관된 본문이 하나 또는 그 이상 제시되어 있습니다. 예를 하나 들어 보겠습니다.

마가복음 6:30-44　요한복음 6:1-13

오천 명을 먹이신 것을 주제로 한 이 단락에서는 마가복음 6:30-44과 요한복음 6:1-13을 가지고 공부를 하게 됩니다.

어떤 문제는 여러 부분으로 나뉘어 있습니다. 그럴 경우 답은 각 표제의 다음에 계속해서 기록하면 됩니다. 예를 들면 다음과 같습니다:

16. 무리의 필요를 보고 예수님께서 나타내신 반응과 제자들이 나타낸 반응을 비교해 보십시오(마가복음 6:30-44).

제자들의 반응(35-36절) 그들은 "이곳은 빈들이요, 때도 저물어 가니 무리를 보내어 두루 촌과 마을로 가서 무엇을 사 먹게 하옵소서"라고 말했다.

예수님의 반응(34절) 예수님께서는 무리의 영적인 필요를 채워 주셨다. 예수님께서는 큰 무리를 보시고 불쌍히 여기사 여러 가지로 가르치셨다.

(41-42절) 예수님께서는 기적적인 방법으로 그들의 육체적인 필요를 채우셨다.

개인 적용

삶에 적용하지 않으면 성경공부는 별로 유익이 없습니다. 이 공부는 다음과 같이 세 가지 면으로 개인 적용을 도와줍니다.

1. 장마다 구체적인 적용을 위한 문제가 들어 있습니다.
2. 장마다 "그리스도의 마음"이라는 단락으로 끝나는데, 그리스도께서 말씀하시고 행하신 바에 대해 묵상하고 적용하게 됩니다. 여기에는 다음과 같은 질문이 들어 있습니다.
   (1) 예수님께서는 어떤 행동을 취하셨는가?
   (2) 예수님의 행동 이면에 있는 생각은 무엇인가?
   (3) 예수님께서 보이신 성품은 무엇인가?
3. 마지막으로 그 장에서 나오는 사실이나 사건과 연관해 개인적으로 적용할 내용을 찾아보는 것입니다. 그 다음 구체적인 계획을 세워 실천하십시오.

개인 기록

이 교재의 한 가지 특징은 교재 오른쪽 여백에 개인 기록란이 마련되어 있다는 것입니다. 이 난에는 개인적으로 공부하면서 또는 성경공부 모임에 참가하여 토의하는 중에 깨달은 내용이나 떠오르는 생각, 의문점들을 기록하십시오. 몇 가지 예를 들면 다음과 같습니다.

1. 정의 - 이해하지 못하는 단어나 개념들을 정의하십시오.
2. 적용 - 공부해 나가면서 당신의 삶에 적용하고 싶은 것들을 적어 놓으십시오.
3. 참조 구절 - 공부하고 있는 내용과 연관된 다른 구절의 장절을 적어 놓으십시오.
4. 관찰 - 공부해 나가면서 떠오르는 착상, 발견 또는 관찰 사항들을 기록하십시오.
5. 질문 - 의문점, 어려운 점, 문제점, 이해되지 않는 점들을 모두 적으십시오. 나중에 그것들을 따로 공부하거나 그렇지 않으면 더 명확히 알기 위해서 함께 토의할 때 나눌 수도 있을 것입니다.
6. 공부할 과제 - 앞으로 좀더 공부하기를 원하는 사항들을 간단히 적어 놓으십시오.

공부를 해나가다 보면 개인 기록란의 기록 예들을 보게 될 것입니다. 이를 참고로 하여 스스로 적어 보십시오. 기록하는 요령은 정해져 있지 않습니다. 문제들에 답을 해나갈 때 이 난에 간단히 적어 넣을 수도 있고, 또는 한 단락이나 한 장 전체를 마친 후에 죽 훑어보면서 기록할 수도 있습니다. 또는 두 가지 방법을 병행해 사용할 수도 있을 것입니다.

예수 그리스도의 생애와 사역 제3권에는 그리스도인들에게 있어야 할 다음과 같은 요소들이 강조되어 있습니다.

1장 - 감사
2장 - 헌신
3장 - 후히 드림
4장 - 서로 사랑함
5장 - 용서
6장 - 성령 충만한 삶

이 교재가 만들어진 과정-팀의 수고로 얻은 열매

이 성경공부 교재는 어느 한 사람의 수고로 된 것이 아닙니다. 주님을 섬기고 있는 수많은 형제 자매들, 곧 예수님의 생애와 사역에 관한 성경공부 교재의 필요성을 깨닫고 원고를 집필하고 토의하고 검증해 완성한 네비게이토 선교회 간사 팀의 수고로 이루어진 결실입니다. 초고는 세계 곳곳의 선교 현장에서 일하는 간사들과 회원들의 현장 시험을 통해 많은 의견들을 듣고 보완하였습니다. 이것을 기초로 하여 두 번째 원고를 만들었으며, 그 원고는 다시 현장 테스트를 거쳐 추가로 보완하고 검토하였습니다. 그리고 나서는 편집자와 팀을 다른 사람들로 구성해 마지막 원고 정리를 마쳤습니다. 문제의 답을 쓰는 양식에 대한 현장 테스트에는 또 다른 일꾼들의 도움을 받았으며, 또 이 공부에 관심을 가진 많은 사람들이 원고를 읽고 귀중한 조언들을 보내 주었습니다.

열심히 기도해 주시고 수고해 주신 모든 분께 진심으로 감사드립니다. 이것은 성령의 지도하심 아래 연합된 한 팀의 노력의 산물입니다. 성경의 저자이시며, 모든 믿는 자들에게 그 말씀을 가르치시고 풀어 주시며, 은사를 나눠 주시는 성령께서 특별한 방법으로 각 과정 과정을 지도하셨습니다. 성령께서 이 교재를 통해 우리들의 삶 가운데서 예수 그리스도를 드러내고 영화롭게 하시리라 믿습니다.

> "내가 아직도 너희에게 이를 것이 많으나 지금은 너희가 감당치 못하리라. 그러하나 진리의 성령이 오시면 그가 너희를 모든 진리 가운데로 인도하시리니, 그가 자의로 말하지 않고 오직 듣는 것을 말하시며 장래 일을 너희에게 알리시리라. 그가 내 영광을 나타내리니 내 것을 가지고 너희에게 알리겠음이니라. 무릇 아버지께 있는 것은 다 내 것이라. 그러므로 내가 말하기를 그가 내 것을 가지고 너희에게 알리리라 하였노라." (요한복음 16:12-15)

제 1 장

배척 가운데 주신 가르침

집중적인 가르침

다음 사건들이 일어났던 장소를 아래에 기록하고, 그 위치를 지도에 표시하십시오. 예수님의 여행 경로를 작은 화살표로 나타내십시오.

1. 제2권 6장에서 마지막 머무르신 곳

   ____

2. 세 가지 비유 (누가복음 15:1-32. 참조 : 요한복음 10:40, 누가복음 13:22)

   ____

   ____

3. 나사로를 살리심 (요한복음 11:1)

   ____

4. 문둥병자들을 깨끗케 하심/하나님의 나라에 대하여 말씀하심/여러 가지 가르침 (누가복음 17:11, 마태복음 19:1)

   ____

   ____

   ____

5. 야고보와 요한을 꾸짖으심 (마태복음 20:17,29)

   ____

   ____

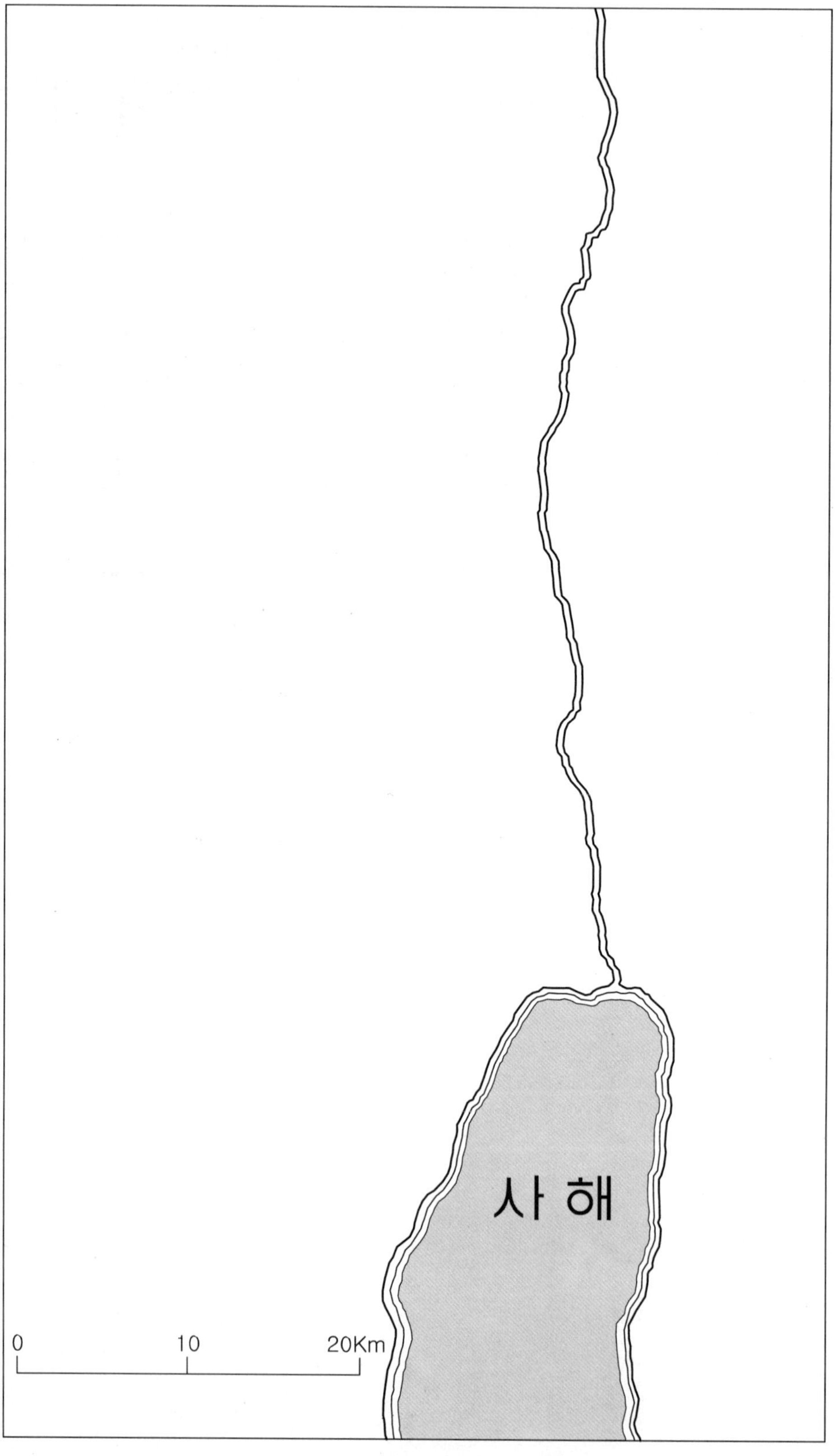

배척 가운데 주신 가르침

대저 여호와는 지혜를
주시며 지식과 명철을
그 입에서 내심이며,
그는 정직한 자를 위하여
완전한 지혜를
예비하시며,
행실이 온전한 자에게
방패가 되시나니,
대저 그는 공평의 길을
보호하시며,
그 성도들의 길을
보전하려 하심이니라.
잠언 2:6-8

예루살렘으로 가는 마지막 여행을 시작하실 때, 예수님께서는 사마리아 지경에서 배척당하셨습니다(누가복음 9:51-53). 그래서 요단강을 건너, 동편 강변을 따라 길다랗게 뻗어 있는 베레아 땅으로 가셨습니다. 베레아라는 지명은 신약성경에는 나오지 않으며, 보통 "요단강 건너편"이라고 불렀습니다(마태복음 19:1, 마가복음 3:8).

사역의 새로운 국면에 접어들어, 예루살렘을 향해 나아가는 걸음 걸음마다 예수님께서는 더 이상 제자들과 함께 있지 못할 그때를 대비하여 그들을 가르치시고 준비시키셨습니다.

세 가지 비유

누가복음 15:1-32

예수님께서는 여러 부류의 무리 - 제자들, 버림받은 자들, 예루살렘에서 온 종교 지도자들 - 에게 가르치셨습니다. 다시금 예수님께서는 그들에게 비유로 말씀하셨습니다. 그 첫 번째는 한 마리 잃은 양의 비유였습니다. 베레아 사람들은 양을 많이 치고 있어 목자의 생활에 대해 잘 알고 있었습니다. 목자 곧 양 떼의 주인은 양을 한 마리라도 잃게 되면 끝까지 찾아 자기 팔에 안고 돌아왔습니다.

두 번째는 잃은 드라크마의 비유인데, 이것도 잃고, 찾고, 발견하는 것에 대한 비유였습니다. 그 가난한 여인은 창문도 없는 어두운 오두막집에서, 가지고 있던 열 드라크마 중 하나를 잃어버렸습니다. 어쩌면 결혼할 때 받아 소중하게 간직해 오던 열 드라크마 중 하나였는지도 모릅니다.

끝으로 탕자의 비유는 하나님의 한없는 은혜를 잘 보여 주고 있습니다. 탕자에게서 우리는 그의 태도가 회개에 이르기까지 어떻게 변화되어 나가는가를 보게 됩니다. 둘째 아들인 그는 아버지 재산의 삼분의 일을, 형은 삼분의 이를 물려받게 되어 있었습니다. 그는 물려받은 유산을 다 허비해 버린 후, 한 이방인 밑에서 돼지를 쳐야 했습니다. 유대인에게 있어 돼지를 치는 일은 매우 혐오스러운 일이었습니다. 결국 그는 회개하고 겸손한 마음으로 아버지께 돌아왔습니다.

1. 예수님께서 이 비유의 말씀들을 하시게 된 동기는 무엇입니까?(2절)

2. 이 세 가지 비유에서 잃은 것은 각각 무엇입니까?

4절

8절

11-13절

어느 사람, 여자, 아버지는 누구를 나타냅니까?

한 마리 양, 한 드라크마, 둘째 아들은 누구를 나타냅니까?

어떻게 찾았습니까?

4절

8절

20절

이렇게 열심히 찾는 모습은 무엇을 나타냅니까?

잃은 것을 찾았을 때 어떻게 했습니까?

5-6절

9절 ____________________

____

20-23절 ____________________

____

영원한 가치가 있는 것은 무엇입니까?

7절 ____________________

____

10절 ____________________

____

21,32절 ____________________

____

3. 탕자의 비유에서 바리새인들의 태도는 어떻게 나타나 있습니까?(28절)

____

____

____

____

____

아버지의 태도는 어떻습니까?(20절)

____

____

____

____

제자들을 가르치심

누가복음 16:1-17:10

예수님께서는 계속해서 청지기 직분에 대하여 가르치셨습니다. 먼저 제자들에게 한 가지 비유를 들려주신 다음 바리새인들에게 한 가지 이야기를 해주셨으며, 마지막으로 또 하나의 비유를 제자들에게 말씀하셨습니다. 예수님을 따르는 사람들 중에는 이전에 세리와 "죄인들"이었던 이들이 있었고, 그중에는 떳떳치 못한 방법으로 재물을 모은 이들도 있었을 것입니다. 그러므로 부(富)에 대한 올바른 관점과 책임, 재물에 따르는 위험 등에 대해 알아야 할 필요가 있었습니다.

정의:
청지기 직분이란 타인의 재산을 관리하는 직을 말함.

4. 아래 빈칸을 채우십시오.

비유/이야기의 제목	주된 가르침	예수님의 교훈과 개인 적용
16:1-13 불의한 청지기	주인의 재물을 허비한다는 소문이 돌아 청지기는 해고를 당하게 된다. 이에 청지기는 주인에게 빚진 자들을 불러 빚을 탕감해 준다. 자기가 쫓겨나게 되었을 때 그들이 도와주지 않을까 하는 생각에서였다. 주: 청지기를 칭찬하신 것은 그의 부정직함이 아니라 지혜로움에 대해서였다.	16:10 교훈: ________ ________ ________ ________ ________ ________ 적용: ________ ________ ________ 16:11 교훈: ________ ________ ________ ________ ________ ________ 적용: ________ ________ ________ 16:13 교훈: ________ ________ ________ ________ ________ 적용: ________ ________

비유/이야기의 제목	주된 가르침	예수님의 교훈과 개인 적용
16:15-31 부자와 나사로	부자와 거지 나사로가 죽어, 부자는 음부 고통 가운데 떨어지고 나사로는 "아브라함"의 품에 들어가게 된다. 부자는 아브라함에게 나사로를 그의 아버지 집에 보내 그의 다섯 형제들은 회개하고 음부에 오지 않게 해주기를 간청한다.	16:15 교훈: 적용: 16:31 교훈: 적용:(히브리서 11:1,2,6 참조)
17:7-10 의무를 다하는 종	주인은 종이 그와 함께 식탁에 앉아 식사하기보다는 그를 위해 음식을 준비하고 시중들기를 원한다. 주인의 필요가 다 채워진 이후에야 종은 먹고 마실 수 있게 된다.	17:9-10 교훈: 적용:

질문:
부자와 나사로의 비유는 돈과 사후의 삶에 대해 무엇을 가르쳐 주는가?

나사로를 살리심

요한복음 11:1-54

친구 나사로가 병들었다는 소식을 들으셨을 때 예수님께서는 "요단강 건너편"(요한복음 10:40)이라고 불리는 베레아 땅에서 제자들을 가르치고 계셨습니다. 예수님의 친구 나사로는 부자였으며, 마리아와 마르다의 오라비였습니다. 앞서 나온 거지 나사로(누가복음 16:19-31)와는 서로 다른 인물입니다.

예수님께서 베레아에 지체하고 계시는 동안, 오라비의 죽음을 맞게 된 마리아와 마르다가 느꼈을 실망과 좌절이 어떠했겠는가 생각해 보십시오. 이제나저제나 예수님께서 오시기만을 기다리며 애태웠던 며칠은 그들로 하여금 예수님께서 가르치고자 하셨던 중요한 교훈을 배울 수 있도록 준비시켜 준 기간이 되었습니다.

5. 유대로 가자는 예수님의 제안에 대해 제자들은 어떤 반응을 보였습니까?(8절)

6. 마르다와 마리아의 말은 그들이 예수님을 어떤 분으로 이해하고 있음을 보여 줍니까?

마르다(27-28절)

마리아(32절)

7. 이 기적이 백성들과 그들의 종교 지도자들에게 어떤 영향을 주었습니까?

참조 구절: 고린도전서 15장

백성들(45-46절)

종교 지도자들(47,48,53절)

8. 악한 대제사장 가야바는 예수님께서 민족을 위해 죽으실 것을 예언했습니다. 그는 자기가 무슨 말을 하는지 잘 몰랐습니다. 그는 어떻게 이 예언을 하게 되었습니까?

주 : 이 시기에 예수님께서 행하신 순서는 학자들에 따라서 의견이 다릅니다. 이 성경공부에 나온 대로 나사로를 살리셨다면, 베다니에서 이 놀라운 일을 행하신 후 에브라임으로 가셨다가(요한복음 11:54), 다시 베레아로 가셨고, 그 후에 여리고를 거쳐 예루살렘으로 가셨다가 다시 베다니를 들르신 다음 에브라임에 가서 잠깐 머무신 후, 다시 베다니로 왔다가 예루살렘으로 가셨을 것입니다.

문둥병자들을 깨끗케 하심

누가복음 17:11-19

예수님 당시엔 문둥병보다 더 무서운 병은 없었습니다. 이 병의 특징은 작은 혹들이 피하에서 자라 퍼져 가는 것이었습니다. 감각이 무디어지고 마비됨으로 근력을 상실하게 되고 결과적으로 기형이 되거나 불구가 되었습니다. 유대인들은 이 병에 걸린 사람을 유별나게 부정하게 여겼습니다. 다른 병들에 대해서는 그렇지 않았지만, 특별히 이 문둥병은 접촉하기만 해도 감염이 된다고 생각했기 때문에 사람들은 문둥병자를 피했습니다.

문둥병자들은 모두 예수님의 병 고치시는 능력을 믿었습니다. 그들의 병이 채 낫기도 전인데, 대제사장에게 몸을 보이러 간 것이 이를 입증합니다.

9. 나음을 입고 돌아온 한 문둥병자의 특별한 점은 무엇입니까?

10. 예수님께서 그에게 "네 믿음이 너를 구원하였느니라"고 말씀하신 의미는 무엇입니까?

11. 다른 아홉 사람은 감사할 줄을 몰랐습니다. 이들처럼 당신도 하나님께 감사해야 함에도 불구하고 감사를 모른 채 지내고 있지는 않습니까? 지난 한 주간의 삶을 돌이켜보며 하나님께 감사한 것들을 생각해 보십시오. 그것들을 아래에 기록하고 감사하십시오!

하나님의 나라

누가복음 17:20-37

사역을 시작하신 이래로 예수님께서는 계속해서 하나님의 나라에 대하여 전파해 오셨습니다(마가복음 1:15). 그러나 사람들의 마음속에는 여전히 많은 의문이 자리하고 있었습니다.

12. 성경사전이나 백과사전을 이용하여 하나님의 나라를 정의해 보십시오.

13. 노아 때와 롯 때의 상황이 오늘날의 상황과 어떻게 비슷합니까?(26-28절)

14. 노아와 롯 때의 극적인 사건들로부터 우리는 예수님의 재림에 대해 무엇을 배울 수 있습니까?(24,29,30절)

15. 하나님의 나라에 들어가기 위해서는 기본적으로 어떤 태도가 필요합니까? (33절)

기도에 관한 두 가지 비유

누가복음 18:1-14

16. 하나님의 나라에 대한 가르침에 이어 예수님께서는 두 가지 비유를 사용하여 기도에 대해 가르치셨습니다. 아래 빈칸을 완성하십시오.

구절/요점	예화	적용
18:1-8 끈질긴 기도의 효과		18:1,7,8
18:9-14 자기 의와 참된 겸손		18:14

질문:
하나님께서는 왜 종종 우리의 기도에 바로 응답해 주지 않으실까? 그럴 때 우리는 어떤 반응을 보이는가?

결혼과 이혼

마태복음 19:3-12

예수님께서 예루살렘을 향해 가시는 도중 바리새인들은 또 다시 예수님을 함정에 빠뜨리기 위해 이혼 문제를 들고 나왔습니다.

이혼 문제는 그 당시 유대인들 사이에 뜨거운 쟁점이 되어 있었습니다. 랍비 힐렐의 진보파와 랍비 샴마이의 보수파 간에 격렬한 논쟁이 벌어지고 있었습니다. 이혼에 대해 어떤 식으로 대답하시든지 간에 예수님께서는 자기를 따르는 무리들 가운데 일부 사람들의 심기를 건드릴 수밖에 없게 되어 있었습니다. 뿐만 아니라 공공연하게 헤로디아와 불륜한 관계를 맺고 있고, 바로 이 문제로 인해 세례 요한을 투옥하고 처형한 헤롯 안디바와 정면 충돌을 일으킬 가능성마저 있었습니다. 바리새인들은 이번에야말로 예수님을 꼼짝없이 함정에 빠뜨릴 수 있을 거라고 생각했습니다.

힐렐 학파는 "모든 원인," 심지어는 극히 사소한 잘못까지도 남자가 이혼을 요구할 수 있는 합법적인 사유가 될 수 있다고 믿었습니다. 남편과의 이혼 요구가 헬라나 로마 여자들에게는 가능했지만 유대 여자들에게는 불가능했습니다. 반면, 유대 남자들은, "이 여인이 마음에 들지 않는다"라든가, "다른 여자에게 더 매력을 느낀다"라는 이유로, 또는 머리를 가리지 않고 밖에 나갔다, 다른 남자에게 말을 걸었다, 남편의 빵을 태웠다, 10년 동안 아이를 낳지 못했다 등의 이유로 아내와 이혼할 수가 있었습니다. 자연히 사람들 사이에는 이 학파가 더 인기가 있었고, 결과적으로 도덕적으로는 타락하게 되었습니나.

이와 반대로 샴마이 학파는 이혼 사유를 거의 인정하지 않았습니다. 그렇기 때문에 만일 예수님께서 이와 동일한 입장을 취하신다면 많은 사람들의 감정을 상하게 할 것입니다.

17. 결혼과 이혼에 관한 질문에 예수님께서 대답하신 것으로부터 당신은 어떤 결론을 얻을 수 있습니까?(5-9절)

예수님과 아이들

누가복음 18:15-17

“아이들! 예수님께서는 이들을 얼마나 사랑하셨는지 모릅니다. 예수님을 따르는 어떤 사람들이 예수님의 안수와 축복 기도를 바라고 아이들을 예수님께 데리고 나왔던 것은 전혀 놀라운 일이 아닙니다.”[1]

18. 하나님의 나라를 어린아이와 같이 받들어야 한다는 것은 무슨 뜻입니까?(17절)

적용:
나도 어린아이와 같은 믿음을 가지고 예수님과 그 말씀을 듣고 따르도록 해야겠다.

부자 청년

마태복음 19:16-20:16

예수님 시대의 유대인들에게 있어 부(富)는 곧 하나님의 은총이었습니다. 한 부유한 젊은 관원이 예수님을 찾아온 것을 많은 사람들은 의아하게 지켜보았을 것입니다. 그와의 대화에 이어서 예수님께서는 제자들과 함께 하늘나라에 대하여 이야기하며 비유로 말씀하셨습니다.

19. 부유한 젊은 관원과 베드로의 태도는 어떤 점에서 다릅니까?

관원(21-22절) ______

베드로(27절) ______

질문:
그리스도인의 삶에서 돈의 역할은 어떠해야 하는가?

20. 예수님께서 가르치고자 하신 교훈의 요지는 무엇입니까?(29절)

1. William Hendriksen, *New Testament Commentary: The Gospel of Matthew* (Grand Rapids, Michigan: Baker Book House, 1973), page 719.

21. 예수 그리스도를 섬기는 것과 연관하여, 이것을 당신 자신에게 어떻게 적용하겠습니까?

야고보와 요한을 꾸짖으심

마태복음 20 : 17-28

전승에 의하면, 야고보와 요한의 어머니는 살로메였으며(마가복음 15:40), 또한 마리아의 자매로 알려져 있습니다(요한복음 19:25). 만일 그렇다면, 야고보와 요한은 예수님의 사촌이 됩니다. 그 부탁한 내용으로 보건대, 야고보와 요한의 어머니는 하나님의 나라를 올바로 이해하지 못하고 있었음이 분명합니다.

22. 그 어머니가 자기 자식들을 위하여 부탁을 하기 직전 예수님께서는 어떤 중요한 개념을 가르치셨습니까?(15-16절)

마태복음 18:4에서는 이 똑같은 주제에 대해 무엇이라고 말씀하셨습니까?

23. 예수님께서는 왜 그에게 그런 대답을 하셨습니까?(22-23절)

24. 지위나 계급에 대한 세상의 관점과 예수님의 관점 및 가르침을 비교해 보십시오.(25-28절)

예수님께서는 자신에 대해 섬김을 받으려 함이 아니라 도리어 섬기러 왔다고 말씀하셨습니다(마가복음 10:45). 이것이 바로 그리스도인 지도자가 갖추어야 할 태도입니다.

요약

그리스도의 마음

누가복음 17:11-19의 문둥병자들에 관한 이야기를 다시 읽고, 당신이 그들 중 한 사람이었다면 어떻게 했을까 생각해 보십시오. 아홉 유대인들처럼 행했겠습니까, 아니면 한 사마리아인처럼 행했겠습니까?

우리의 영적 목표: "너희 안에 이 마음을 품으라. 곧 그리스도 예수의 마음이니"(빌립보서 2:5).

1. 예수님께서는 그 사마리아인에게 무엇이라고 말씀하셨습니까?(17-18절)

2. 예수님의 생각과 감정은 어떠하였겠습니까?

3. 아홉 문둥병자들에게 부족한 성품은 무엇입니까?

4. 데살로니가전서 5:18을 당신 자신의 말로 풀어 쓰십시오.

에베소서 5:20을 풀어 쓰십시오.

이 두 구절에 강조되어 나타난 요지는 무엇입니까?

로마서 8:28-29에서 하나님께서는 "모든 것을 합력하여 선을 이루시며," 또 "미리 아신 자들로 그 아들의 형상을 본받게 하기 위하여 미리 정하셨다"고 말씀하십니다. 최근 당신의 삶 가운데 일어난 "좋지 않은" 일은 무엇입니까?

이를 통해 하나님께서 어떻게 당신으로 하여금 그리스도의 형상을 더욱 닮아 가게 하실 수 있을지 주의 깊게 생각해 보고 하나님께 감사하십시오.

개인 적용

우리는 모두 하나님과 사람들에게 "감사"를 표할 줄 알아야 합니다. 문둥병자들이 예수님께서 그들의 병을 낫게 해주신 것을 당연하게 여겼듯이, 우리들도 감사를 모르고 모든 것을 당연하게 받아들이기 쉽습니다.

1. 시편 118:1에 "여호와께 감사하라. 저는 선하시며 그 인자하심이 영원함이로다"라고 말씀하십니다. 이번주에 날마다 "하나님께 감사한 것" 다섯 가지(매일 다른 내용)를 적고 감사함으로 하루를 시작하십시오. "좋은" 것들만이 아니라 고난에 해당하는 것들도 감사 제목이 될 수 있습니다. 참으로 감사한 마음으로 주님께 감사드리기 위해서는 진지하고 주의 깊은 묵상이 필요합니다.
2. 당신이 감사해야 할 사람 한두 사람을 생각한 다음, 말이나 그 밖의 특별한 방법으로 감사를 표하십시오.

하나님과 사람들을 향한 "감사"의 구체적인 계획을 세우십시오.

누구에게?
어떻게?
언제?
얼마 동안?
그 결과 나의 삶 가운데, 또는 다른 사람들의 삶 가운데 어떤 일이 일어났는가?

제 2 장

승리의 예루살렘 입성

승리의 입성

다음 사건들이 일어났던 장소를 아래에 기록하고, 그 위치를 지도에 표시하십시오. 예수님의 여행 경로를 작은 화살표로 나타내십시오.

1. 앞 장에서 마지막 머무르신 곳

   ____

2. 바디매오를 고치심 (마가복음 10:46)

   ____

3. 삭개오의 회개 (누가복음 19:1-2)

   ____

4. 나사로 방문 (요한복음 12:1)

   ____

5. 승리의 입성 (마태복음 21:1,10)

   ____

6. 성밖으로 나가 주무심 (마태복음 21:17)

   ____

7. 무화과나무를 저주하심 (마가복음 11:12,15)

   ____

8. 성전 정화 (마가복음 11:15)

   ____

9. 성밖으로 나가심 (마가복음 11:19)

   ____

10. 긴 하루 (마태복음 21:23)

    ____

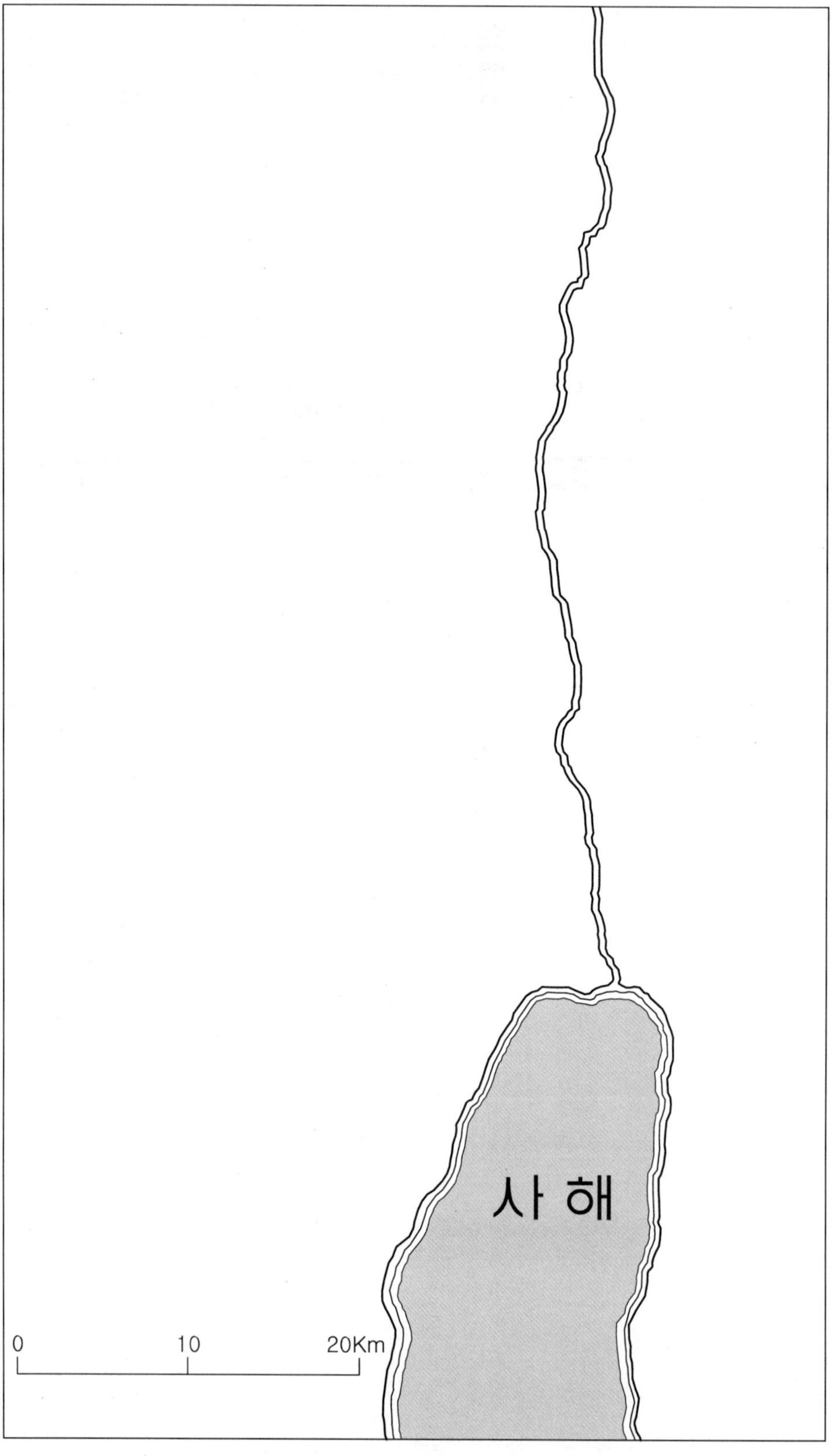

승리의 예루살렘 입성

시온의 딸아,
크게 기뻐할지어다!
예루살렘의 딸아,
즐거이 부를지어다!
보라,
네 왕이 네게 임하나니
그는 공의로우며
구원을 베풀며
겸손하여서 나귀를 타나니
나귀의 작은 것
곧 나귀새끼니라.
스가랴 9:9

예수님께서 십자가에 달리시기 전 마지막 한 주간이 얼마나 중요한가는 복음서 저자들이 그것에 할애한 지면을 보아서도 알 수 있습니다. 마태와 마가는 복음서 삼분의 일을 이 주간에 일어났던 일들과 부활에 할애했습니다. 누가복음은 사분의 일 가량이, 요한복음은 거의 절반이 이 기간에 있었던 일의 기록입니다. 십자가의 죽음과 부활은 예수님께서 이 세상에 오신 주된 목적이기 때문입니다. 예수님께서는 자신의 사명을 마무리하는 마지막 여정에 당당하게 들어서셨습니다.

예루살렘을 향해 나아가시던 중 예수님께서는 고도(古都)인 여리고를 지나셨습니다. 여리고는 약 1,450년 전 여호수아에 의해 정복당했던 당시와 같은 명성을 가진 도시는 아니었습니다. 여호수아에 의해 완전 폐허가 된데다가 그것을 재건하는 사람은 저주를 받을 것이라고 했기 때문입니다(여호수아 6:21-26). 그 저주에도 불구하고 여리고는 아합 왕 때 히엘이라는 사람에 의해 재건되었는데, 그는 여호수아가 말한 그대로 저주를 받았습니다(열왕기상 16:33-34). 그러나 예수님께서는 이곳에 머무르시는 동안 저주받은 이곳을, 육체적으로 영적으로, 축복의 도시로 바꾸어 놓으셨습니다.

여리고에서 있었던 일

바디매오를 고치심

마가복음 10:46-52

첫 번째 변화는 육체적인 것이었습니다. 한 소경이 고침을 받아 눈을 뜨게 되었고 그는 곧바로 예수님을 따르게 되었습니다. 마가와 누가가 한 사람이라고 기록한 것과는 달리, 마태는 두 소경이라고 기록하고 있습니다. 마가와 누가는 아마 둘 중에 좀더 두드러진 한 사람에 대해 기록한 것 같습니다. 소경을 고치신 일은 예수님께서 옛 여리고를 떠나 거기서 약간 떨어진 곳에 헤롯 왕이 세운 새 여리고로 가까이 가실 때 일어났던 것 같습니다.[1]

1. A. T. Robertson, *A Harmony of the Gospels* (New York: Harper & Brothers Publishers, 1950), page 149, footnote.

1. 소경이 예수님을 다윗의 자손이라고 부른 것은 어떤 점에서 중요합니까?

삭개오의 회개

누가복음 19:1-10

여리고는 로마가 세금을 거두는 데 있어서 중요한 거점 도시였습니다. 부당하고 부정한 방법으로 세금을 징수하는 풍토가 만연했기 때문에 사람들은 세리를 증오하고 경멸했습니다. 유대인들은 당시 누구보다 많은 세금을 내야 했던 민족 중의 하나였습니다.

삭개오는 세리장들 중의 한 사람으로 온갖 회유와 압력을 동원해 부당하게 세금을 착취하기로 소문이 나 있었습니다. 그는 여리고에서 가장 큰 지탄의 대상이었던 것 같습니다.

2. 삭개오의 말과 행동으로 보아 그의 태도에 어떤 변화가 있었습니까?(8절)

관찰: 참된 회개는 마음과 생각과 생활 방식의 변화를 수반함.

예수님께서는 누구나 잘못을 뉘우치는 사람에게는 긍휼을 베푸십니다.

므나의 비유

누가복음 19:11-28

므나 비유는 달란트 비유(마태복음 25:14-30 참조)와 여러 가지 점에서 차이가 있습니다. 여기서는 한 귀인이 왕위를 받아 오려고 먼 나라로 갈 때에 그의 종 열 명에게 한 므나씩 주면서 자기가 돌아올 때까지 장사하라고 합니다. 한 므나는 당시 노동자의 3개월분 임금에 해당하는 액수였습니다.[2]

적용: 하나님께서 내게 재능을 주셨음을 알고, 그 재능을 내 자신의 이익을 위해서가 아니고 하나님의 영광을 위해 사용하도록 해야겠다.

2. J. W. Shepard, *The Christ of Gospels* (Grand Rapids, Michigan: William B. Eerdmans Publishing Company, 1939), page 473.

3. 이 비유는 오늘날 예수님과 우리에게 어떻게 연관됩니까?

4. 누가복음 19:26에서 말하는 원리는 무엇입니까? 당신의 삶에서 실제적인 예를 한 가지 들어 보십시오.

베다니에 도착하심

나사로 방문 - 주후 30년 봄 토요일

요한복음 11:55-12:1

유월절 엿새 전, 니산월(3월/4월)에 예수님께서는 여리고에서 24km 떨어진 베다니에 도착하셨습니다. 유월절은 일주일 동안 계속되는데, 유월절 만찬은 목요일 저녁에 가지게 되어 있었습니다. 이맘때가 되면 수많은 순례자들이 예루살렘으로 몰려들어 장막을 치고 자신들을 정결케 하면서 아주 중요한 이 절기를 맞을 준비를 했습니다.

예수님께서는 친구인 마리아, 마르다, 나사로의 집을 찾으셨습니다. 나사로는 약 6주 전에 죽었다가 다시 살아났던 사람입니다. 예수님의 거취가 알려지자 많은 사람들이 예수님과 나사로를 보려고 몰려왔습니다. 그러나 종교 지도자들은 예수님을 체포할 궁리를 했습니다.

5. 그들이 예수님을 붙잡으려 한 이유는 무엇입니까?(47,48,56절)

승리의 입성

주후 30년 봄 일요일

마태복음 21:1-11,14-17

드디어 예수님께서는 공적으로 예루살렘에 입성하셨습니다. 입성하신 그날을 사람들은 '종려 주일'이라고 일컫게 되었습니다. 종려는 아름다움과 의인의 상징이었습니다(시편 92:12-14). 종려나무 가지는 "머리," 곧 백성의 우두머리를 지칭하는 뜻으로 사용되었고, 승리와 아울러 기쁨을 의미했습니다.

예수님께서는 나귀 새끼가 묶여 있는 가까운 마을(벳바게로 추정)로 두 제자를 보내시며, 주인이 나귀 새끼를 사용하도록 허락해 줄 것이라고 말씀하셨습니다.

6. 예수님께서 나귀 새끼를 타신 것은 어떤 중요한 의미가 있습니까?(스가랴 9:9 참조)

7. 사람들이 그처럼 열렬하게 환영한 이유는 무엇입니까?

상징적인 사건들

주후 30년 봄 월요일

일요일 저녁 예수님께서는 베다니로 돌아오셨다가 월요일 아침 제자들과 함께 다시 예루살렘으로 들어가셨습니다.

무화과나무를 저주하심

마가복음 11:12-14

예수님께서는 배가 고파 허기를 좀 때울까 하고 무화과나무로 다가가셨습니다. 어떤 이들은 무화과 철이 아닌 유월절 때에 열매를 기대하신 것은 불합리하다고 주장하지만, 역사의 기록에 의하면 사람들은 흔히 잎이 나오기 전에 열리는 탁쉬(taksh)라고 하는 설익은 무화과 열매를 먹었다고 합니다. 이 설익은 무화과 열매를 예수님께서는 기대하셨던 것 같습니다. 이것은 작은 버찌만한 크기로 맛이 좋았습니다.

8. 예수님께서 무화과나무를 저주하신 이유는 무엇이라고 생각하십니까?

___

___

두 번째 성전 정화

마가복음 11:15-19

공생애를 시작하시면서 예수님께서는 첫 번째 성전 정화를 통해 자신을 개혁자로 나타내셨습니다. 그로부터 3년이 지난 후, "안나스의 자선 시장"이 되살아났습니다. 또 다시 예수님께서는 울고 있는 양들, 비둘기 파는 자들, 손님을 끌기 위해 외치고 있는 환전상들을 내쫓으셨습니다. 성전 제도에 대한 이 같은 대담한 도전에 대해 종교 지도자들은 분개했습니다.

9. 첫 번째 성전 정화와 두 번째 성전 정화를 비교해 보십시오.(요한복음 2:13-22 참조)

첫 번째(요한복음 2:16,19) ___

___

___

두 번째(마가복음 11:17)(이사야 56:7을 인용하시며 예레미야 7:11을 덧붙여 말씀하심.)

___

___

헬라인들의 방문

요한복음 12:20-50

예루살렘에 온 헬라인들(유대교로 개종한 자들일 것임) 몇 명이 주위에서 일어난 일들 - 승리의 입성과 성전 정화 -에 관심을 갖고서 예수님을 찾아왔습니다. 그들의 질문에 이어 또 다른 주제에 대한 예수님의 말씀이 이어졌습니다.

10. 요한복음 12:23-36에서 예수님께서는 헌신에 대해 어떻게 말씀하셨습니까?

구절	실제적인 의미
예수님의 헌신	
24절	___
	___

구절	실제적인 의미
27절	
32절	
우리의 헌신	
25절	
26절	

11. 예수님께서 배척당하신 것을 요한복음에서는 어떻게 설명하고 있습니까?(요한복음 12:37-43)

긴 하루

주후 30년 봄 화요일

마태, 마가, 누가복음은 이날 하루 동안 예수님께서 성전 안에서와 감람산에서 가르치신 교훈들에 다른 어떤 것보다도 더 많은 지면을 할애하고 있습니다.

무화과나무가 마름

마가복음 11:20-26

예수님과 제자들이 베다니에서 예루살렘으로 돌아온 그날은 그야말로 숨가쁘게 돌아간 하루였습니다. 베드로는 무화과나무에 대한 예수님의 저주가 그렇게 빨리 이루어진 것을 보고 크게 놀랐습니다.

12. 예수님께서는 이 사실을 이용하여 기도에 대해 무엇을 가르치셨습니까?

23-24절 ______________________________

25절 ______________________________

예수님의 권세에 대한 질문

마태복음 21:23-27

두 번째의 성전 정화로 말미암아 예수님께서는 다시금 종교 지도자들과 부딪치게 되었습니다. 그들은 예수님께 자신의 행동에 대하여 해명할 것을 요구하면서 무슨 권세로 이런 일을 하느냐고 물었습니다. 참으로 메시야라면 그들이 아니라 로마에 화살을 겨누는 것이 마땅하다고 생각했던 것입니다.

13. 종교 지도자들은 예수님을 궁지에 몰아넣기 위해 어떤 질문을 했습니까?(23절)

14. 예수님께서는 어떤 식으로 질문하여 도리어 그들을 꼼짝 못하게 하셨습니까?(24-26절)

15. 그들이 모른다는 핑계를 내세웠을 때, 예수님께서 대답을 거부하신 이유는 무엇입니까?(27절)

경고로 주신 세 가지 비유

마태복음 21:28-22:14

종교 지도자들의 마음이 강퍅한 것을 보시고 예수님께서는 비유를 들어 세 가지 경고의 말씀을 주셨습니다.

16. 다음 세 비유의 핵심적인 가르침은 무엇입니까?

두 아들(21:28-32) ______________________________

____

____

첫째 아들은 누구를 나타냅니까? ______________________________

둘째 아들은 누구를 나타냅니까? ______________________________

질문:
세리와 창기는 죄인이요 부도덕한 자들로 알려져 있었다. 그런데 마태복음 21:31에서 예수님께서는 왜 바리새인들보다 그들이 먼저 하늘나라에 들어갈 것이라고 말씀하셨는가?

집주인(21:33-45) ______________________________

____

____

다음은 각각 누구(무엇)를 나타냅니까?

집주인 ______________________________

포도원 ______________________________

농부들 ______________________________

아들(상속자) ______________________________

다른 농부들 ______________________________

혼인 잔치(22:1-14) ______________________________

____

____

____

다음은 각각 누구(무엇)를 나타냅니까?

임금 ______________________________

아들 ______________________________

청한 사람들 ______________________________

사거리 길에서 청한 사람들 ______________________________

혼인 잔치 ______________________________

예복을 입지 않은 사람 ______________________________

17. 이 세 비유는 예수님의 권세에 대한 질문과 어떻게 연관됩니까?

____

____

____

____

세 가지 질문

마태복음 22:15-40

바리새인들은 이 비유들이 자기들을 겨냥한 것이라는 사실을 알아차리고 분개했습니다. 그러나 그들은 백성들을 두려워하여 감히 예수님께 손을 댈 수 없었습니다. 백성들이 열광적으로 예수님의 편에 서 있었기 때문입니다. 이들 분개한 세 집단 - 바리새인들, 사두개인들, 서기관들 - 은 이제 하나가 되어 예수님을 함정에 빠뜨리기 위해 교묘한 질문의 덫을 놓았습니다.

18. 아래 빈칸을 채움으로써 그 질문과 답을 분석해 보십시오.

질문	질문자	예수님의 답변의 의미
17절 "가이사에게 세를 바치는 것이 가하니이까?"	16절 ____________ ____________ ____________ ____________ ____________	21절 ____________ ____________ ____________ ____________ ____________
28절 "부활 때에 일곱 중에 뉘 아내가 되리이까?"	23절 ____________ ____________ ____________ ____________ ____________ ____________ ____________ ____________	30절 ____________ ____________ ____________ ____________ 31-32절 ____________ ____________ ____________

질문	질문자	예수님의 답변의 의미
36절 "선생님이여, 율법 중에 어느 계명이 크니이까?"	35절	37-40절

질문:
예수님께서는 십계명(출애굽기 20:3-17)을 두 계명으로 요약하셨는데, 어떻게 이렇게 될 수 있는가?

예수님의 질문

마태복음 22:41-46

이제는 예수님께서 그들을 향해 시편 110:1에 근거하여 질문을 던지셨습니다.

19. 그리스도가 어찌 다윗의 자손이 되겠느냐는 예수님의 질문에 그들이 대답할 수 없었던 이유는 무엇입니까?(44-45절)

요약

그리스도의 마음

요한복음 12:23-36에서 예수님께서는 자신과 우리의 헌신에 대해 말씀하셨습니다.

우리의 영적 목표:
"너희 안에 이 마음을 품으라. 곧 그리스도 예수의 마음이니"(빌립보서 2:5).

1. 27절에 예수님의 감정이 어떻게 나타나 있습니까?

2. 예수님께서는 자기가 겪게 될 육체적, 정신적 고통에 대해서 잘 알면서도 어떻게 하기로 헌신하셨습니까?

3. 예수님께서는 무엇에 전적으로 헌신되어 있으셨습니까?(요한복음 6:38)

개인 적용

당신은 누구에게 또는 무엇에 전적으로 헌신되어 있습니까?

1. 요한계시록 3:15-16을 읽으십시오. 예수님께서는 헌신되어 있지 않은 그리스도인을 어떻게 보십니까?

2. 이사야 6:8에서 여호와께서 "내가 누구를 보내며 누가 우리를 위하여 갈꼬?"라고 말씀하시자, 이사야는 어떻게 대답했습니까?

   당신은 이사야처럼 대답할 준비가 되어 있습니까? ____________

3. 예수님께 헌신한다는 것은 예수님을 자신의 구주로뿐 아니라 자신의 삶 가운데 주님으로 인정하는 것을 의미합니다. 예수님께서는 헌신된 그리스도인에 대해 어떻게 말씀하십니까?(마태복음 16:24)

4. 당신은 예수님을 주님으로 인정함으로 온전히 헌신된 삶을 살기 원합니까? 이 헌신을 "확증"할 활동 계획을 세우고, 이 활동을 구체화할 수 있는 조치를 기록하십시오.

제 3 장

계속되는 충돌과 가르침

장래에 대한 말씀

다음 사건들이 일어났던 장소를 아래에 기록하고, 그 위치를 지도에 표시하십시오. 예수님의 여행 경로를 작은 화살표로 나타내십시오.

1. 앞 장에서 마지막 머무르신 곳

____

2. 제자들에 대한 경계와 바리새인들에 대한 통책 (마태복음 23:1-39. 마태복음 23:37 참조)

____

____

3. 과부의 두 렙돈 (마가복음 12:41, 13:1)

____

4. 감람산의 가르침 (마태복음 24:3)

____

5. 향유를 부어 장사를 준비 - 시몬의 집 (마가복음 14:3)

____

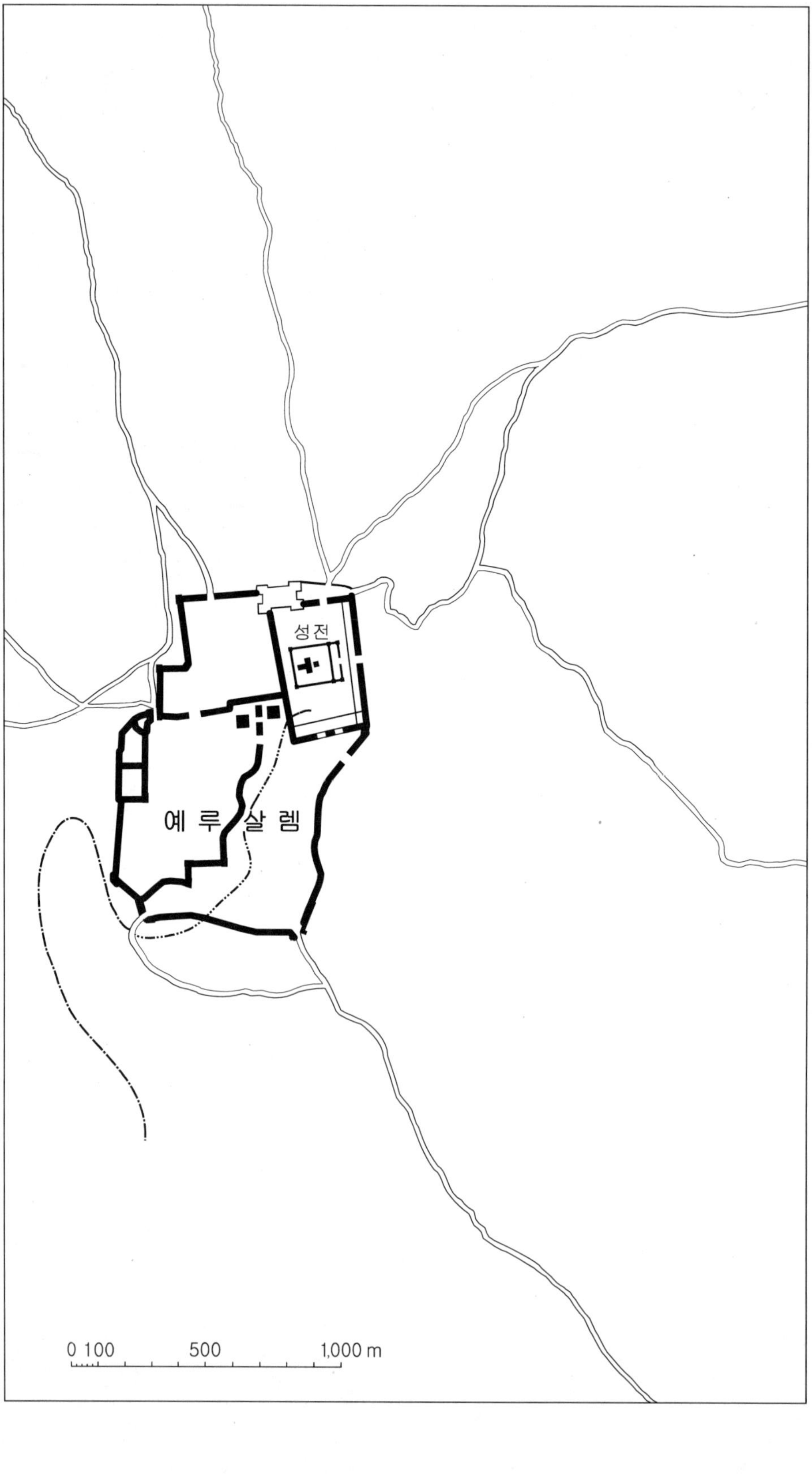

계속되는 충돌과 가르침

내가 알기에는
나의 구속자가
살아 계시니,
후일에
그가 땅 위에
서실 것이라.
욥기 19:25

종교 지도자들이 온갖 시비와 비난을 하자 예수님께서는 그들의 행위에 대해 언급하셨습니다. 예수님의 관심사는 그들의 말이 아니라 행위였습니다. 그들이 가르친 바를 그들 자신이 어떻게 행동에 옮기고 있느냐 하는 것이었습니다. 그들 중 많은 사람들이 자기는 율법의 짐을 지지 않으면서도, 백성들에게는 짐을 지웠습니다.

제자들에게 경계하심

마태복음 23:1-12

성전에서 가르치신 말씀으로는 성경에 마지막으로 기록된 말씀에서, 예수님께서는 사람들의 위선을 꾸짖으셨습니다. 예수님의 말씀은 서기관들과 바리새인들에게는 따가운 질책이, 또한 함께 듣고 있던 제자들과 무리에게는 경계가 되었습니다.

"예수님께서 바리새인들의 위선을 드러내시면서 통책하신 데 대해 너무 심한 것이 아니냐는 생각을 하는 이들이 있습니다. 그러나 우리는 바리새인들의 죄가 얼마나 심각했던가를 명심하지 않으면 안 됩니다. 의의 선생이 되어야 할 사람들이 이제는 도리어 하나님의 아들을 배척하고 급기야는 그를 십자가에 못박으려고 한 것입니다."[1]

1. 예수님께서는 서기관과 바리새인에 대해서 어떤 책망을 하셨습니까?

3절 ____________________

5절 ____________________

1. A .T. Robertson, *A Harmony of the Gospels* (New York: Harper & Brothers Publishers, 1950), page 169, footnote.

"경문(經文)은 성경 구절을 기록한 작은 양피지 조각들을 담아 이마나 왼팔에 차는 조그마한 가죽 상자입니다. 일반적으로 상자가 클수록 신앙심도 더 좋은 것으로 여겨졌습니다."[2]

2. 이러한 책망을 하시면서 예수님께서는 성경의 권위를 어떻게 나타내셨습니까? (2,3절)

바리새인들에 대한 통책

마태복음 23:13-39

예수님께서는 제자들과 자기의 말을 듣는 백성들을 훈계하시다가 이제는 서기관들과 바리새인들을 향해 "화 있을진저"라는 말로 책망의 포문을 여셨습니다. 예수님께서는 하나님과 선지자 및 율법에 대한 종교 지도자들의 가식을 겨냥해 여덟 번(어떤 사본에는 14절이 없어서 일곱 번)이나 "화 있을진저"라고 말씀하셨습니다. 이들의 위선이 일반 백성들로 하여금 그릇 행하여 곁길로 나가게 만들었습니다. 예수님께서는 종교 지도자들의, 백성에 대한 무관심, 배타성, 기만적인 가르침, 형식적인 십일조, 가식, 위선, 일관성 없음 등에 대해 통책하신 반면, 일반 백성들을 향해서는 큰 긍휼을 보여 주셨습니다. 그리고 나서 죄를 범함으로 축복의 기회를 놓쳐 버린 예루살렘을 향한 가슴 뭉클한 사랑의 말을 끝으로 말씀을 마치셨습니다.

3. 서기관들과 바리새인들을 책망하신 각각의 내용들에 대하여 오늘날의 예를 들어 보십시오.

구절 / 책망의 요지	오늘날의 예
23:13 그들은 사람들이 믿음으로 하나님께 나아가는 것을 사실상 방해하고 있다.	

2. J. W. Shepherd, *The Christ of Gospels* (Grand Rapids, Michigan: William B. Eerdmans Publishing Company, 1939), page 505.

구절 / 책망의 요지	오늘날의 예
23:15 그들은 교인 하나를 얻기 위하여 바다와 육지를 두루 다니다가, 생기면 그들보다 배나 더 지옥 자식이 되게 한다.	
23:16-22 그들은 자기들이 정한 기준에 따라 어떤 맹세는 지키고 어떤 맹세는 지키지 않아도 된다고 말했다. 예수님께서는 제단으로 하든지, 성전으로 하든지, 하늘로 하든지 모든 맹세는 지켜야 된다고 하셨다.	
23:23-24 그들은 박하와 회향과 근채의 십일조 를 드리는 것과 같은 작은 조항은 다 지키면서, 율법의 더 중한바 의(義)와 인(仁)과 신(信)은 버렸다.	
23:25-26 그들은 겉은 깨끗이 하지만, 그 안에는 탐욕과 방탕이 가득하다. 먼저 안을 깨끗하게 해야 한다. 그래야 겉도 깨끗하게 된다.	
23:27-28 그들은 겉으로는 아름답게 보이나, 그 안에는 죽은 사람의 뼈와 모든 더러운 것이 가득한, 회칠한 무덤과 같다.	

구절 / 책망의 요지	오늘날의 예
23:29-36 그들은 그들 조상에 의해 피 흘려 죽은 선지자들의 무덤을 쌓고 비석을 꾸몄다. 그러나 그들 조상처럼 그들도 예수님께서 보내실 선지자들과 지혜 있는 자들과 서기관들을 죽임으로 그 죄가 다 그들에게 돌아갈 것이다.	

4. 이 말씀들 전반에 걸쳐 예수님께서 가르치고자 하셨던 교훈은 무엇입니까?

과부의 두 렙돈

마가복음 12:41-44

예수님께서는 성전의 '여인의 뜰' 한 편에 앉아 무리가 성전에 연보와 제물을 가져오는 것을 보고 계셨습니다. 이들 연보의 대부분은 유대 율법이 정한 금액을 웃돌았습니다. 과부의 두 렙돈은 율법에 허용된 최소의 연보였습니다.

적용:
나도 나의 삶을 이처럼 온전히 하나님께 드려야 한다. 이것이 참된 제자의 도다.

5. 여기에 나타난 헌금의 원리는 무엇이라고 생각합니까?

감람산의 가르침

마태복음 24-25 마가복음 13:1-37

예수님께서 성전을 떠나려 하실 때, 제자 중 하나가 건물의 웅장함에 대해 언급했습니다. 이에 예수님께서는 성전과 예루살렘의 멸망을 예언하시며, 그때가 되어 살기 위해서는 멸망을 피해 도망하라고 듣는 자들에게 경고하셨습니다. "역사의 기록에 의하면 실제로 예루살렘과 그 주변에 살던 충성된 사람들은 주님의 경고를 따랐다고 합니다. 예루살렘이 로마 군대에 의해 포위될 것 같은 첫 징조가 보이자 (주후 70년), 실제로 모든 그리스도인들은 예루살렘과 그 주변으로부터 도망하여 요단 강 건너 벨라로 갔습니다."[3]

얼마 후 예수님께서는 예루살렘과 성전이 내려다보이는 감람산에 앉아 예언의 말씀을 계속하셨습니다.

6. 제자들은 예수님께 무슨 질문을 했습니까?(마태복음 24:3)

7. 예수님 재림의 징조로는 어떤 것들이 있습니까?(마태복음 24:5-14)

질문:
예수님께서 곧 다시 오실 것이라고 생각하는가? 그 이유는 무엇인가?

8. 예수님의 재림에 대하여 당신이 확실히 알 수 있는 것은 무엇입니까?(마태복음 24:15-31)

9. 무화과나무의 교훈은 무엇입니까?(마태복음 24:32-36)

10. 노아의 때가 주는 교훈은 무엇입니까?(마태복음 24:37-42)

3. Norval Geldenhuys, *Commentary on the Gospel of Luke* (Grand Rapids, Michigan: William B. Eerdmans Publishing Company, 1951), pages 527-528.

11. 밤의 도적이 주는 교훈은 무엇입니까?(마태복음 24:43-44)

12. 여행을 떠나는 집주인이 주는 교훈은 무엇입니까?(마가복음 13:32-37)

13. 지혜 있는 종과 악한 종이 주는 교훈은 무엇입니까?(마태복음 24:45-51)

관찰:
지혜로운 종의 본

14. 하나님의 나라에 대한 세 가지 가르침을 비교해 보십시오.

구절 / 제목	오늘날의 적용
마태복음 25:1-13 열 처녀의 비유	
마태복음 25:14-30 달란트의 비유	
마태복음 25:31-46 모든 민족의 심판	

질문:
달란트와 영적인 은사의 차이는 무엇인가?

십자가의 죽음에 대한 예언

마태복음 26:1-5

제자들과 함께 감람산을 떠나 베다니로 가실 때 - 베다니에서는 아마도 마리아, 마르다, 나사로의 집에 머무셨을 것입니다 - 예수님께서는 자신의 죽음에 대해서 또다시 언급하시며, 다가오는 금요일에 돌아가실 것이라고 말씀하셨습니다.

15. 이때 예루살렘에서는 무슨 일이 일어나고 있었습니까?(3-4절)

____

____

____

장례를 위한 기름 부음

마가복음 14:3-9 요한복음 12:1-8

예수님께서는 제자들과 함께 베다니에 도착하셔서, 문둥이 시몬의 집에서 식사하셨습니다(문둥이라는 말은 아마도 예수님께서 그를 문둥병에서 깨끗케 하셨기 때문에 붙여졌던 것 같습니다). 시몬이 예수님을 대접하기 원했기 때문입니다. 식사를 하고 있을 때, 여자는 초대 손님의 식탁에 나타나는 것이 관례가 아님에도 불구하고, 마리아가 향유 옥합을 들고 들어왔습니다. 흰 석고석으로 만든 그 옥합에는 동인도산 식물에서 추출한 지극히 값진 향유 한 근이 담겨 있었습니다. 유다의 말대로라면, 그것은 1년 품삯에 상당한 값이 나가는 물건이었습니다. 그 당시 문화 풍토상 여자가 머리를 풀어헤친다는 것은 정숙하지 못한 것으로 여겨졌기 때문에, 베다니의 마리아가 예수님을 만나기 전에는 행실이 좋지 못한 여자였을 것이라고 생각하는 학자들도 있습니다. 그러나 이 사건 하나만 보고 그렇게 생각해서는 안 되며, 그 여자가 막달라 마리아와 동일 인물일 것이라고 여겨서도 안 됩니다.

이스라엘에는 혼인 잔치에 온 특별한 손님이나 랍비에게 기름을 붓는 관습이 있었습니다. 그러나 마리아가 드렸던 것 같은 값진 선물은 보통 왕에게나 드려지는 것이었습니다. 또 원래는 발이 아니라, 머리에 부었습니다. 마리아는 옥합을 깨뜨리고 그 향유를 예수님의 머리(마태복음, 마가복음)와 발(요한복음)에 부었습니다. 자신도 모르게 그는 예수님의 죽음과 부활을 예비한 것입니다.

16. 마리아의 헌신적인 행위와 복음 전파는 무슨 관계가 있습니까?

____

____

____

17. 마리아가 향유를 부은 것에 대해 예수님께서 보이신 반응과, 함께 식사하던 사람들이 나타낸 반응을 비교해 보십시오.

사람들(마가복음 14:4-5) ______________________________

____

____

질문:
우리는 예수님께 어떤 선물을 드릴 수 있는가?

예수님(마가복음 14:6-8) ______________________________

____

____

유다(요한복음 12:4-6) ______________________________

____

____

유다와 대제사장들의 은밀한 모의

마태복음 26:14-16

예수님의 책망에 찔림을 받은 유다는 대제사장들을 찾아가 물었습니다. "내가 그를 당신들에게 넘겨주면 나에게 얼마를 주겠소?" 즉석에서 거래가 이루어지고 돈이 건네졌습니다.

"그들은 유다가 돈을 '자기 호주머니'에 챙기게 되면 꼼짝없이 예수님을 넘겨주리라는 것을 잘 알았습니다. 종이 소에 떠받혀 죽었을 때 받는 금액 정도에 구세주가 원수들에게 팔렸습니다. 그처럼 하찮은 액수의 돈을 받고 유다는 주님을 배반했습니다!"[4]

18. 유다가 찾아오자 종교 지도자들이 계획을 변경하게 된 이유는 무엇입니까?(마태복음 26:3-5 참조)

____

____

____

19. 예수님께서 정확히 은 삼십에 팔리셨다는 것은 어떤 중요한 의미가 있습니까?

출애굽기 21:32 ______________________________

____

____

4. William Hendriksen. *New Testament Commentary: The Gospel of Matthew* (Grand Rapids, Michigan: Baker Book House, 1973), pages 902-903.

스가랴 11:12-13 ________________

____

____

마태복음 26:15 ________________

____

____

요약

그리스도의 마음

마가복음 12:41-44에서 우리는 돈과 헌금에 대한 예수님의 태도에 관해 흥미 있는 관찰을 해볼 수 있습니다. 예수님께서는 연보궤 맞은편에 앉아 사람들이 돈을 넣는 것을 지켜보고 계셨습니다.

우리의 영적 목표: "너희 안에 이 마음을 품으라. 곧 그리스도 예수의 마음이니"(빌립보서 2:5).

1. 사람들이 궤에 돈을 넣는 것을 지켜보면서 예수님께서는 무엇을 생각하고 계셨습니까?

____

____

____

오늘날 예수님께서는 하늘나라에서 어떻게 이와 똑같은 일을 행하고 계십니까?

____

____

____

2. 예수님께서는 가난한 과부와 부자들의 연보를 어떻게 비교하셨습니까?(44절)

____

____

____

3. 과부의 헌금 태도는 예수님께서 자신을 주신 태도와 어떻게 비슷합니까?(고린도후서 8:9)

____

____

____

개인 적용

이번주 동안 어떻게 후히 드리는 삶을 실천할 수 있을지 생각해 보십시오. 기억해야 될 사항은 다음과 같습니다:

1. 희생적으로 드려야지 남아돌아서 드리는 것이어서는 안 됩니다.

2. 드릴 때의 태도는 어떠해야 합니까?(고린도후서 9:7)

   ____

   ____

3. 모든 소유가 다 하나님의 것입니다. 당신이 어떻게 드리기를 원하시는지 하나님께 여쭤 보십시오.

4. 마태복음 25:34-40의 양과 염소에 대한 말씀에서 예수님께서는 다른 사람의 필요를 채우는 것이 곧 주님 자신의 필요를 채우는 것과 같다고 말씀하십니다. 간과해서는 안 될 중요한 말씀입니다.

5. 마태복음 6:19-21에서 예수님께서는 땅이 아니라 하늘에 보물을 쌓아 두라고 말씀하십니다. 이땅에 재물을 쌓으려 하는 것은 어리석은 짓이며 가난하게 될 뿐입니다(잠언 11:24-25). 그러나, 주님의 일과 다른 사람들의 필요를 채우는 영적인 목적에 드리는 것은 금세와 내세에 영원한 상급이 약속되어 있습니다.

   注: 디모데전서 6:17-19은 부하려 하는 자들을 위한 좋은 교훈의 말씀입니다.

이번주에 어떻게 의미 있게 드려야 할지에 대해 생각하고 기도한 후, 적절한 계획을 세워 보십시오.

누구에게 무엇을 드릴 것인가?
어떤 구체적인 행동을 취할 것인가?
언제 드릴 것인가?
얼마나 드릴 것인가?
보다 지속적으로 드리는 삶을 계발하기 위해 어떤 조치를 취할 수 있는가?

제 4 장

제자들에게 주신 마지막 가르침

1세기의 예루살렘

아래의 장소를 지도에서 찾아 그 위치를 번호로 표시하십시오.

1. 갈보리(골고다)
2. 안토니아 요새
3. 겟세마네
4. 헤롯의 궁
5. 안나스와 가야바의 집
6. 빌라도의 집무실
7. 베데스다 연못
8. 산헤드린
9. 실로암 못
10. 성전
11. 다락방

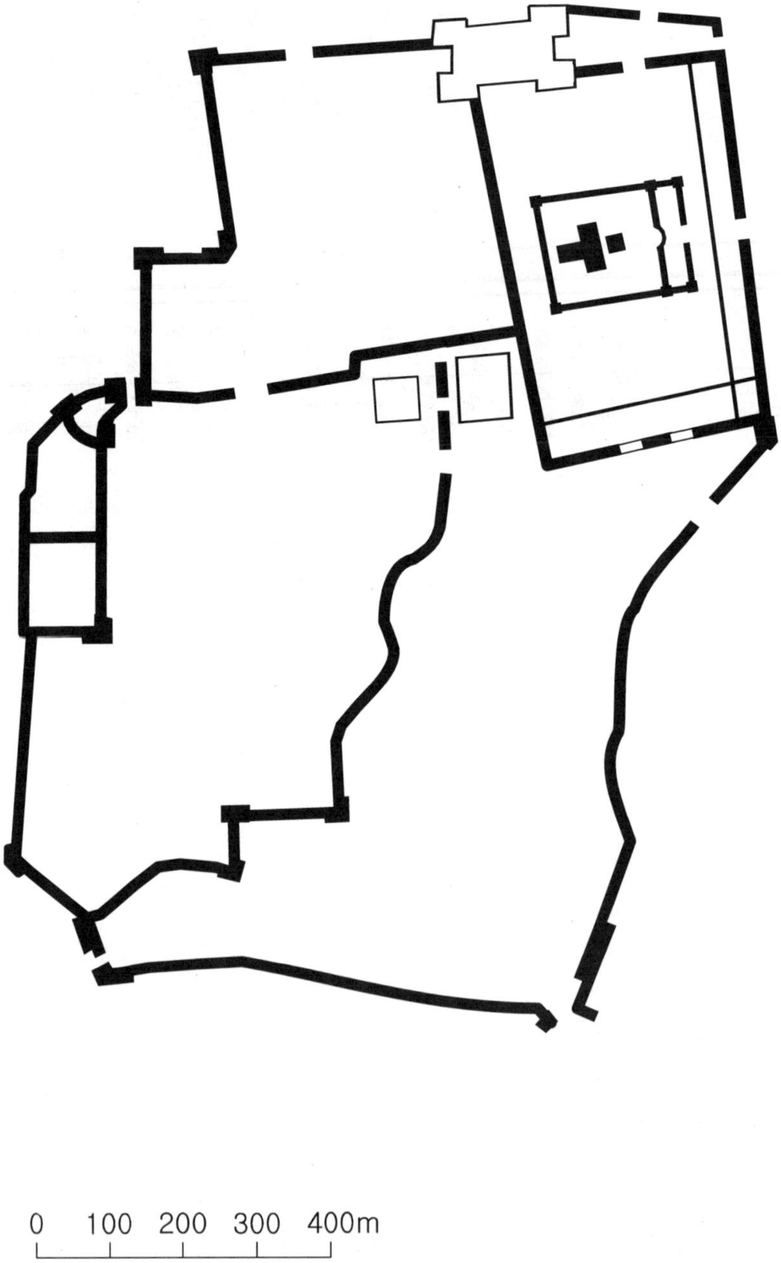

제자들에게 주신 마지막 가르침

나는 하늘로서 내려온 산 떡이니, 사람이 이 떡을 먹으면 영생하리라. 나의 줄 떡은 곧 세상의 생명을 위한 내 살이로라 하시니라.
요한복음 6:51

"예수님께서는 그 주간 마지막 수요일을 베다니나 동산에서 홀로 보내셨던 것 같습니다. 그러나 목요일 저녁, 유월절 식사 때에는 예루살렘에 사는 이름이 밝혀지지 않은 한 친구 집의 다락에서 제자들과 자리를 같이하셨습니다. 이제 불과 한두 시간 후면 맹렬한 폭풍우가 몰아칠 것입니다. 그러나 이곳 조용한 다락방에는 하나님의 평화가 넘쳐 나고 있었습니다. 이곳에서 시대를 초월해 영원한 성찬식이 시작되었습니다."[1]

최후의 만찬을 위한 준비

주후 30년 봄 목요일

누가복음 22:7-13

예수님께서는 제자들과 함께 유월절을 보내시기 위해 미리 준비를 하셨던 것 같습니다. 두 제자에게 성안으로 들어가 물 한 동이를 가지고 가는 사람을 따라가라고 말씀하셨습니다. "물을 길어 나르는 일은 남자가 아닌, 여인네나 여자 아이의 몫이었습니다. 따라서 물동이를 머리에 이고 있었을 남자의 모습은 쉽게 눈에 띄었을 것이고, 사람들 가운데서 그를 찾아내는 데는 별다른 어려움이 없었을 것입니다."[2]

1. 유월절 음식은 무엇을 기억하기 위한 것이었습니까?(출애굽기 12:1-32 참조)

____

____

____

____

____

____

1. James S. Stewart, *The Life and Teaching of Jesus Christ* (Edinburgh: The Committee on Publications, the Church of Scotland, 1933), page 163.

2. William Hendriksen, *New Testament Commentary: The Gospel of Matthew* (Grand Rapids, Michigan: Baker Book House, 1973), page 904.

유월절을 함께하심

누가복음 22:14-16,24-30

보통 유월절 식사는 축복 기도, 출애굽기 12장의 유월절 이야기 낭독, 시편 113편과 114편("소 할렐")의 찬양에 이어 희생양을 먹는 순서로 이어져, 감사 기도와 시편 115-118편("대 할렐")의 찬양으로 끝났습니다. 식사 때 사람들은 무교병과 쓴 나물을 먹고 포도주를 마셨습니다.[3]

2. 예수님께서는 왜 제자들과 함께 유월절 잡수시기를 원하셨습니까?(15-16절)

____

____

3. 예수님께서는 어떤 사람을 크다고 하셨습니까?(26-27절)

____

____

____

제자들의 발을 씻기심

요한복음 13:1-20

"발을 씻기신 행위는 겸손의 놀라운 본보기였습니다. 동방의 관습은 집에 찾아온 손님의, 먼지와 오물로 범벅이 된 발은 노예가 씻어 주게 되어 있었습니다. 그러나 최후의 만찬은 개인 집에서, 그것도 은밀한 모임으로 베풀어졌기 때문에, 그 자리에는 발을 씻겨 줄 노예가 없었을 것입니다. 더구나 제자들의 마음은 도래할 왕국에서 누가 최고의 위치를 차지하나 하는 생각으로 꽉 차 있어, 서로를 견제하며 질시하였습니다. 결과적으로, 그들 중에 다른 사람들의 발을 씻어 주려고 나서는 사람이 아무도 없었습니다. 그들의 관심은 수건이 아니라 보좌에만 가 있었습니다."[4]

공부할 과제:
교만과 겸손에 대해
공부할 것.
잠언 6:16-19,
베드로전서 5:5-6,
잠언 16:18 참조.
하나님께서는 교만을 미워하신다.
그 이유가 무엇인가?

4. 예수님께서는 제자들에게 어떤 성품에 대해 가르치셨습니까? 발을 씻기는 것과 같은 예로서 오늘날에는 어떤 것이 있겠습니까?

____

____

3. Norval Geldenhuys, *Commentary on the Gospel of Luke* (Grand Rapids, Michigan: William B. Eerdmans Publishing Company, 1951), page 560.

4. Merrill C. Tenney, *John: The Gospel of Belief* (Grand Rapids, Michigan: William B. Eerdmans Publishing Company, 1948), pages 198-199.

5. 베드로와 예수님과의 대화에서 중요한 점은 무엇입니까?(5-10절)

배반당할 것을 말씀하심

마태복음 26:20-25 요한복음 13:21-30

이 마지막 만찬의 특별한 의미와 자기의 죽음이 머지 않음을 아신 예수님께서는 깊은 번민 가운데 분명한 말과 행동으로 배반자를 지목하셨습니다. 그러나 유다 외에는 어느 누구도 이에 주의를 기울이지 않았으며, 유다는 곧 방을 떠났습니다.

6. 예수님께서는 유다가 자기를 배반할 것을 아시고 어떻게 행하셨습니까?

성찬의 제정

마태복음 26:26-29

유다가 나간 후 예수님께서는 자신이 수행하실 일을 기념할 신약의 예식을 제정하심으로 전통적인 유월절 식사 의식에 새로운 요소를 가미하셨습니다.

7. 최후의 만찬에 사용된 떡과 포도주가 상징하는 바는 무엇입니까?(26-28절)

8. 고린도전서 11:23-26에서 바울이 주님의 만찬에 대하여 이야기한 것은 무엇입니까?

24-25절 ____

26절 ____

9. 예수님의 계명은 어떤 점이 새로우며, 또 그것이 오늘날 당신의 삶에 어떻게 적용될 수 있습니까?(요한복음 13:34-35)

34절 ______________________________

____

35절 ______________________________

____

____

개인 적용 ______________________________

____

____

적용:
요한복음 13:34의 예수님 계명에 순종함으로 모든 그리스도인들을 향해 진실된 사랑을 발전시켜 나가야겠다.

주여, 어디로 가시나이까?

요한복음 13:36-14:31

베드로의 위대한 신앙고백이 있은 후(마태복음 16:15-17), 예수님께서는 임박한 죽음과 부활에 대하여 제자들에게 말씀해 주셨습니다. 그 후에도 예수님께서 여러 차례에 걸쳐 말씀하셨지만, 제자들은 그 말뜻을 잘 알아듣지 못했습니다. 일이 점점 더 급박하게 돌아감에 따라 결국은 그들도 뭔가 불길한 일이 일어날 것이라는 것을 깨닫기 시작했습니다. 그들이 던진 네 가지 질문은 그들의 혼란스럽고 걱정에 찬 마음 상태와 두려움을 잘 보여 줍니다.

10. 아래 네 가지 질문에 대해 빈칸을 채우십시오.

구절 / 질문한 사람	질문	예수님의 답변
13:36 베드로	"주여, 어디로 가시나이까?"	13:36 ____________ ____________ ____________ 13:37 ____________ ____________
14:5 도마	"주여, 어디로 가시는지 우리가 알지 못하거늘, 그 길을 어찌 알겠삽나이까?"	14:6 ____________ ____________ ____________ ____________

구절 / 질문한 사람	질문	예수님의 답변
14:8 빌립	"주여, 아버지를 우리에게 보여 주옵소서. 그리하면 족하겠나이다."	14:9-10________
14:22 가룟인 아닌 유다	"주여, 어찌하여 자기를 우리에게는 나타내시고 세상에게는 아니하려 하시나이까?"	14:21,23________

11. 예수님께서는 제자들에게 어떤 위로를 주셨습니까?
    14:3 ________________

    14:16,17,26 ________________

12. 유월절 식사 동안의 답변을 통해 예수님께서는 자신에 관하여 어떤 사실들을 나타내 주셨습니까?(요한복음 14:9-13)

열매 맺는 삶에 대한 말씀

요한복음 15:1-27

지금까지 예수님께서는 제자들에게 이제 그들을 떠나지 않으면 안 된다는 것을 말씀해 오셨습니다. 또한 그들에게 새 계명을 주시고, 하나님 아버지와 자신의 신성한 관계에 대해 설명하셨습니다. 이어서 참 이스라엘의 상징인 포도나무와 그 가지의 비유(예레미야 2:21 참조)를 사용하셔서, 자신이 제자들과 맺게 될 지속적이며 긴밀한 관계에 대해 말씀하셨습니다. 예수님께서는 자신을 하나님께서 심으신 포도나무라고 증거하셨습니다.

13. 예수님께서 하신 다음 말씀에 대해 그 의미와 실천 방법을 기록하십시오.

주제 / 내용	의미	실천 방법
그리스도 안에 거함 "나는 포도나무요 너희는 가지니 저가 내 안에 내가 저 안에 있으면 이 사람은 과실을 많이 맺나니 나를 떠나서는 너희가 아무것도 할 수 없음이라." 5절		
열매 맺는 삶 "너희가 내 안에 거하고 내 말이 너희 안에 거하면 무엇이든지 원하는 대로 구하라. 그리하면 이루리라. 너희가 과실을 많이 맺으면 내 아버지께서 영광을 받으실 것이요, 너희가 내 제자가 되리라." 7-8절		
서로 사랑함 "내 계명은 곧 내가 너희를 사랑한 것같이 너희도 서로 사랑하라 하는 이것이니라. 사람이 친구를 위하여 자기 목숨을 버리면 이에서 더 큰 사랑이 없나니." 12-13절		

질문:
최근 몇 년 동안 우리는 어떤 가지였는가?
요한복음 15:2을 따라, 가지치기를 해야 영역은 무엇인가?

질문:
우리가 예수님을 사랑하고 있음을 어떻게 증명할 수 있는가?
요한복음 14:21,23, 요한복음 15:3, 요한이서 6 참조.

14. 세상이 예수님의 제자를 미워하는 이유는 무엇입니까?(요한복음 15:18-27)

18절 ______________________________

____

19절 ______________________________

____

19절 ______________________________

____

장래 일을 말씀하심

요한복음 16:1-33

예수님께서는 제자들과 나눈 마지막 대화에서 장래 일을 말씀하셨습니다. 세상이 그들을 대적하고 미워함으로 그들이 환난을 당할 것이지만 성령께서 그들을 위로하시고 도우실 것이라고 확신시켜 주셨습니다.

15. 예수님께서는 제자들에게 어떤 핍박이 있을 것이라고 말씀하셨습니까?(2절)

____

____

____

16. 예수님께서는 제자들이 핍박을 받게 되는 이유가 무엇이라고 말씀하셨습니까?

2절 ______________________________

____

3절 ______________________________

____

17. 7-15절에서 예수님께서는 다음 각 항에 관계된 성령의 역할에 대해 어떻게 말씀하셨습니까?

사도들(7,13절) ______________________________

____

세상(8절) ______________________________

____

예수님 자신(13,14절) ______________________________

____

____

공부할 과제:
"성령"에 대한 공부
- 성령은 누구시며
무엇을 하시는가?

18. 16절에서 예수님께서 말씀하신 뜻은 무엇입니까?

____

____

19. 예수님께서는 자신이 죽게 됨으로써 제자들에게 어떤 유익이 있을 것이라고 말씀하셨습니까?

20,22절 ______________________________________

____

24절 ____

____

위대한 대제사장으로서의 기도

요한복음 17:1-26

"예수님께서는 사도들에게 마지막 가르침과 당부의 말씀을 하신 후 중보 기도를 하셨습니다.… 기도하신 장소는 유월절을 기념한 다락방과 붙잡히신 겟세마네 동산 사이 어디였을 것입니다.…

"열한 사도가 모두 그 자리에 함께 있었을 것입니다. 마음속으로 혼자서 한 기도가 아니라, 사도들을 위해 드린 기도였습니다. 이 기도는 앞서 제자들에게 말씀하셨던 생각과 필요들을 많이 반영하고 있습니다. 따라서 우리에게 매우 유익한 이 기도는 주의 깊게 살펴보아야 할 필요가 있습니다. 이 기도를 통해 우리는 거룩한 땅에 발을 딛게 됩니다."[5]

20. 예수님께서는 아버지께 간구만 하신 것이 아니라 여러 가지 말씀을 드렸습니다. 아래에 위대한 대제사장으로서의 예수님의 기도를 정리해 보십시오.

주제	아버지께 드린 말씀	간구
아버지를 영화롭게 함		
1절		
4-5절		

5. J .W. Shepard. *The Christ of the Gospels* (Grand Rapids, Michigan: William B. Eerdmans Publishing Company, 1939), page 562.

주제	아버지께 드린 말씀	간구
제자들 11,13,15절		
말씀 8,17절		
세상과의 관계 15,16절		

베드로가 부인할 것을 예고하심

마태복음 26:30-35

겟세마네 동산으로 가던 도중, 예수님께서는 갑자기 제자들을 돌아보시며 그들이 자기를 버릴 것이며 베드로도 자기를 부인하게 될 것이라고 말씀하셨습니다. 이에 대해 그들은 모두 한결같이 결코 그렇지 않을 것이라고 장담했습니다.

21. 베드로가 예수님과 함께 죽겠다고 자신한 점과(요한복음 13:37-38 참조) 다른 제자들도 예수님을 버리지 않겠다고 자신한 점으로 볼 때 그들은 당시 상황을 어떻게 이해하고 있었습니까?

22. 베드로를 넘어뜨리려는 사탄의 계획을 저지시킨 것은 무엇입니까?(누가복음 22:31-34)

요약

그리스도의 마음

돌아가시기 전날 밤 예수님께서는 여러 가지 것들에 대해 말씀하셨는데, 그중 한 가지가 바로 사랑입니다. 사랑에 대해서는 하실 말씀이 끝이 없었을 만큼 사랑은 예수님의 마음을 차지하고 있던 주제였습니다. 사랑이 주님께 중요했던 만큼, 우리에게도 중요한 주제가 되어야 합니다.

우리의 영적 목표: "너희 안에 이 마음을 품으라. 곧 그리스도 예수의 마음이니"(빌립보서 2:5).

1. 요한복음 13:34-35에서 예수님께서는 무엇이라고 말씀하셨습니까?

요한복음 15:12,13,17에서는 어떻게 말씀하셨습니까?

2. 원수를 사랑하는 것에 대해서는 어떻게 말씀하셨습니까?(마태복음 5:43-47)

3. 다른 사람에 대한 사랑에 대해서는 고린도전서 13장에 잘 묘사되어 있습니다. 이 장에 나타난 아가페 사랑(하나님의 무조건적인 사랑)의 특성들을 모두 열거하십시오. 다른 번역 성경도 참조해 보십시오.

____

____

____

____

____

개인 적용

요한일서 3:17-18에서는 "누가 이 세상 재물을 가지고 형제의 궁핍함을 보고도 도와줄 마음을 막으면 하나님의 사랑이 어찌 그 속에 거할까 보냐? 자녀들아, 우리가 말과 혀로만 사랑하지 말고 오직 행함과 진실함으로 하자"라고 말합니다. 한 마디로 "사랑에 대해 떠들지만 말고, 사랑을 나타내는 행동을 하라"는 말씀입니다.

이번 주간 동안 날마다 각기 다른 한 사람에게 아가페 사랑을 행하십시오. 사랑하기 쉬운 사람뿐 아니라 사랑하기 어려운 사람에게도 사랑을 행하십시오.

날마다 다음과 같은 구체적인 실천 계획을 세우십시오.

누구에게?

어떤 활동을 통해?

언제?

그리고 나서 하루를 마치며 구체적으로 어떻게 실천했는지 평가해 보십시오.

누구에게 사랑을 나타냈는가?

언제? 어디서? 어떻게?

그 결과는 무엇인가? (구체적으로)

나의 삶 가운데, 특히 태도 면에서 변화가 필요한 것은 무엇인가?

이 일을 계속할 필요가 있겠는가?

제 5 장

십자가에 못박히심

겟세마네에서 갈보리까지

아래 각 성경 구절을 찾아 그 사건이 일어난 곳의 이름을 쓰십시오. 그리고 지도 위에 번호로 그 위치를 표시하십시오. 예수님의 이동 경로를 화살표로 나타내십시오.

1. 앞 장에서 마지막 머무르신 곳

   ____

2. 세 제자와 함께 기도하심/배반 (마태복음 26:36)

   ____

3. 대제사장 안나스의 심문 (요한복음 18:12-13)

   ____

4. 대제사장 가야바의 심문(마가복음 14:53)

   ____

5. 공회에서 재판받으심 (누가복음 22:66)

   ____

6. 빌라도에게 재판 받으심 (누가복음 23:1-5)

   ____

7. 헤롯에게 재판받으심 (누가복음 23:8-12)

   ____

8. 다시 빌라도에게 재판받으심 (누가복음 23:13)

   ____

9. 십자가에 못박히심 (요한복음 19:17)

   ____

10. 장사되심 (마태복음 27:57-60)

   ____

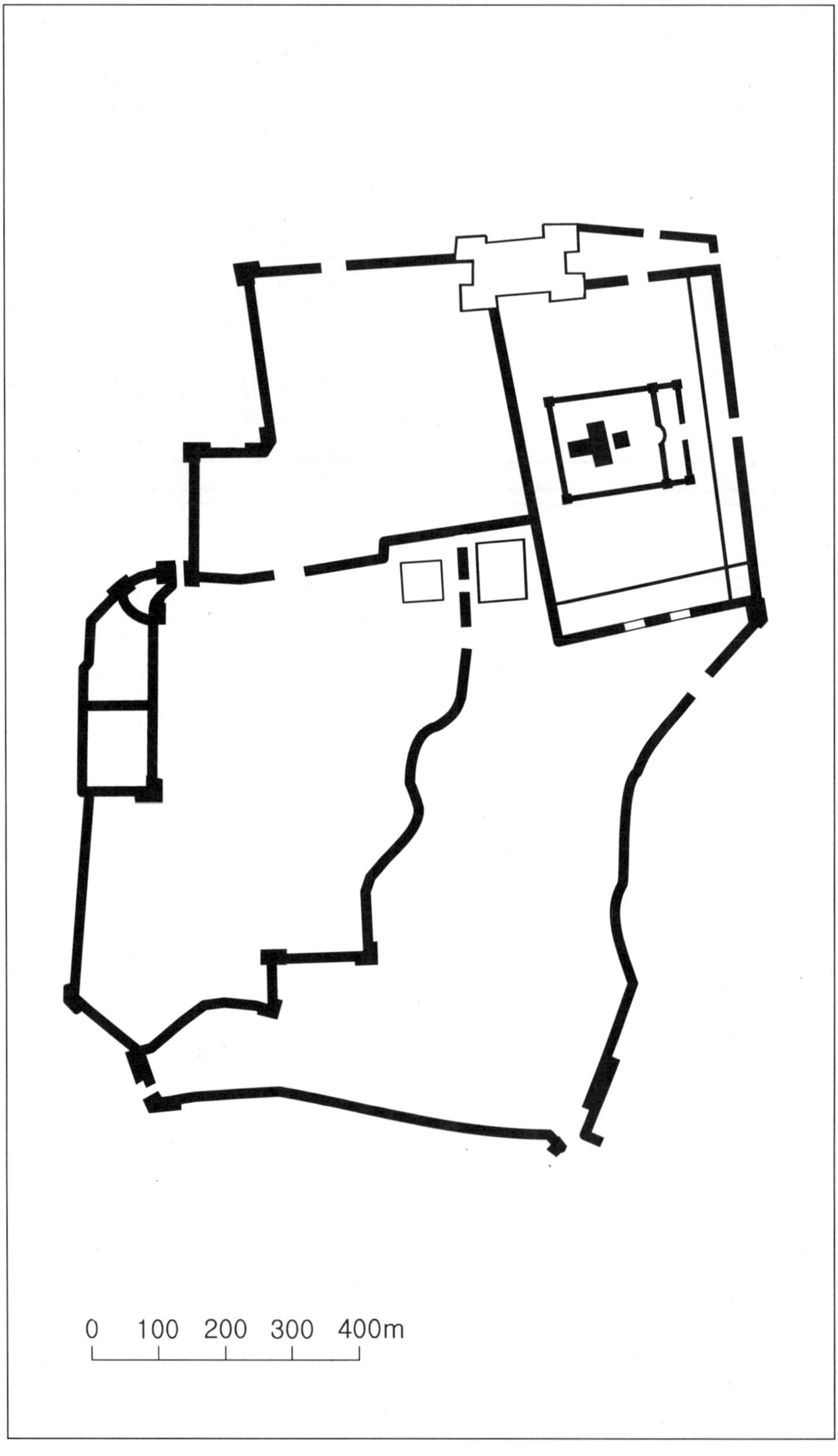

십자가에 못박히심

그는 실로 우리의 질고를
지고 우리의 슬픔을
당하였거늘, 우리는
생각하기를 그는 징벌을
받아서 하나님에게 맞으며
고난을 당한다 하였노라.
그가 찔림은 우리의
허물을 인함이요,
그가 상함은
우리의 죄악을 인함이라.
그가 징계를 받음으로
우리가 평화를 누리고
그가 채찍에 맞음으로
우리가 나음을 입었도다.
이사야 53:4-5

이제 예수님께서는 보내심을 받은 사명, 즉 십자가를 향해 마지막 발걸음을 옮겨야 할 시점에 이르셨습니다. 죄 많고 타락한 세상에서 사시는 동안 당하셨던 온갖 고초도 이제 인류의 구속을 위해 받아야 할 끔찍스러운 고통에 비하면 아무것도 아니었습니다. 죄인들의 증오와 지옥의 권세가 맹렬하게 그를 엄습하고 있었습니다. 모든 시대, 모든 인류를 대표하여 종교 지도자들과 로마인들은 그에게 수치와 고난을 안겨 주었습니다. 실로 그는 "세상 죄를 지고 가는 하나님의 어린양"(요한복음 1:29)이 되셨습니다.

겟세마네의 고뇌

마태복음 26:36-46 누가복음 22:39-46

"예수님께서는 제자들과 또 하나님과 긴밀한 교제를 나누신 후 자리에서 일어나셨습니다. 열한 제자와 함께 조용한 거리를 따라 성문을 지나고 시내를 건너, 감람산 비탈 위 낯익은 기도처를 찾으셨습니다. 길을 가는 도중에는 침묵이 흘렀습니다. 예수님께서는 이미 마지막 경고와 격려의 말씀을 마치신 터였고, 제자들은 뭔지 모를 불길한 두려움에 싸여 있었기 때문입니다."[1]

1. 겟세마네 동산에서 하신 예수님의 고뇌는 무엇이었으리라 생각합니까?(고린도후서 5:21, 베드로전서 2:24 참조)

질문:
누가복음 22:44은
예수님의 고뇌를,
"기도하시니 땀이 땅에
떨어지는 핏방울같이
되더라"고 기록하고
있음. 우리가 큰 곤경에
처해 있을 때 누가
우리의 기도를 돕는가?
어떻게 돕는가?
(로마서 8:26 참조)

1. David Smith, *The Days of His Flesh* (New York: Harper & Brothers Publishers, n.d.), page 455.

2. 예수님의 어떠한 성품이 이 힘든 고뇌를 참고 견디게 해주었습니까?(마태복음 26:39,42)

____

____

주: 하나님의 뜻을 따르면 항상 승리합니다. 자기의 뜻을 고집하면 패배에 이를 뿐입니다.

관찰: 주님의 뜻을 알려 달라고 기도하고 나서는 그 뜻대로 따르는 사람이 있는가 하면, 일부만 따르거나 아예 따르지 않는 사람도 있다. 우리는 주님께서 보여 주신 본을 따라야 한다. "아버지의 원대로 하옵소서." 어떤 경우도 예외가 있을 수 없다.

배반

누가복음 22:47-54상 요한복음 18:2-12

유다가 예수님을 배반하게 된 동기는 여러 가지였을 것입니다 - 돈에 대한 욕심, 시기심, 두려움, 주님의 왕국이 이땅 위에 존재하지 않는다는 데 대한 실망. 그는 또 예수님께서 자기의 속을 꿰뚫어 보고 계신다는 것을 알았고, 이것이 그의 증오심을 더 부채질했을 것입니다.

"동산에서 유다는 고함 소리나 구타나 칼이 아닌 입맞춤으로써 자기의 주님이시요 선생이신 예수님을 배반했습니다. 그것은 극심한 증오심에서 비롯된, 인간이 저지를 수 있는 가장 비열한 배반 행위였습니다."[2]

공부할 과제: 유다의 생애에 대한 개략적인 조사와 그가 예수님을 배반하게 된 이유.

3. 이 배반 사건에 나타난 각 인물들의 인격적 특성을 찾아보고 그 근거를 말하십시오.

유다 ______________________________

____

베드로 ______________________________

____

예수님 ______________________________

____

유대인의 재판

주후 30년 봄 금요일 매우 이른 아침(해뜨기 전)

마태복음 26:57,59-68, 27:1 마가복음 14:53-65, 15:1상
누가복음 22:54상,63-71 요한복음 18:12-14,19-24

"마가복음 14:53-65과 뒤이어 나오는 15장을 보면 예수님께서 재판을 두 번씩 받으셔야 했다는 사실을 알 수 있습니다. 처음에는 유대 종교 지도자들에 의해 공회

2. James S. Stewart, *The Life and Teaching of Jesus Christ* (Edinburgh: The Committee on Publications, the Church of Scotland, 1933), pages 169-170.

앞에서 재판을 받으셨고, 다음에는 로마 당국에 의해 재판을 받으셨습니다. 두 재판 다 세 단계를 거쳤습니다. 공회 재판의 3단계는, 1) 안나스 앞에서 받으신 예비 재판(요한복음 18:12-14,19-23), 2) 산헤드린 앞에서 대제사장 가야바와 다른 제사장 및 장로와 서기관들이 한 재판(마가복음 14:53), 3) 날이 밝은 직후 역시 산헤드린 앞에서 받으신 재판(마가복음 15:1)이었고, 로마 당국의 재판의 3단계는, 1) 빌라도의 재판, 2) 헤롯의 재판, 3) 다시 빌라도의 재판이었습니다. 그리스도께서 안나스 앞에서 예비 재판을 받으신 것이 요한복음에만 기록되었듯이, 헤롯 앞에 서신 것도 누가복음(23:6-12)에만 나타나 있습니다.

"로마는 피정복민들에게 상당한 수준의 자치를 허용했습니다.… 그러나 예수님의 경우와 같이 사형 선고에 관한 한 최종 판결권은 로마가 갖도록 되어 있었습니다. 그러한 경우에 유대 법정을 거쳐 로마 당국의 재심을 받아야 했습니다. 그래서 피고에게 내려진 판결을 추인해 사형을 집행하기도 하고, 판결을 뒤집어 죄수를 풀어주기도 했습니다. 이런 배경을 알 때 그리스도께서 붙잡히신 날 밤에 일어났던 일들을 보다 잘 이해할 수 있을 것입니다."[3]

4. 유대인의 재판에 관한 완전한 이해를 얻기 위해 아래의 표를 완성하십시오(모든 빈칸을 다 채울 필요는 없습니다).

사건 및 관련 구절	유대 지도자들의 질문 또는 고소	예수님의 답변 또는 행동	예수님과 그의 반응에 대한 처리
안나스 앞에서 요한복음 18:12-14,19-24 주: 안나스는 주후 6년에서 15년까지의 대제사장이었음.	19절 안나스는 예수님께 예수님의 제자들과 그 가르침에 대해 심문함.	20-21절 __________ __________ __________ __________ __________ __________ __________ __________ __________ __________ __________ __________	22절 __________ __________ __________ __________ __________ __________ __________ 23절 __________ __________ __________ __________

3. James S. Stewart, *The Life and Teaching of Jesus Christ* (Edinburgh: The Committee on Publications, the Church of Scotland, 1933), pages 171-172.

사건 및 관련 구절	유대 지도자들의 질문 또는 고소	예수님의 답변 또는 행동	예수님과 그의 반응에 대한 처리
가야바 앞에서 마가복음 14:53,55-65	55절 그들은 예수님을 사형에 처할 증거를 얻어내려고 노력함.		
주: 가야바는 안나스의 사위로 당시의 대제사장 이었음.	60절 "너는 아무 대답도 없느냐?"	61절 ______ ______ ______	
	61절 "네가 찬송받을 자의 아들 그리스도냐?"	62절 ______ ______ ______ ______	65절 ______ ______ ______ ______
산헤드린 공회 앞에서 누가복음 22:66-71	67절 "네가 그리스도여든 우리에게 말하라."	67절 ______ ______ ______ ______	
	70절 "네가 하나님의 아들이냐?"	70절 ______ ______ ______	

5. 이러한 재판들을 통해 볼 때 유대 지도자들의 성품이 어떻다는 것을 알 수 있습니까?

______

______

"사실 재판의 전과정은 우습지도 않은 희극이었습니다.… 여러 가지 정황으로 볼 때 예수님에 대한 재판은 합법적이지 않았다고 강조하는 사람들이 많은데, 그 근거를 다음과 같이 들고 있습니다. 1) 생사(生死)가 달린 재판은 밤에 할 수 없었다. 그런데도 불구하고 예수님께서는 금요일 새벽 1~3시경에 심문을 받고 정죄되었다. 그리고 유월절 중에 사형이 집행되었는데, 이것은 금지된 사항이었다.… 2) 예수님께서 붙잡히신 것은 뇌물 수수에 의해서였다. 즉, 유다가 돈을 받고 판 것이었다. 3) 예수님께서는 죄를 시인하도록 강요받았다. 4) 중형(重刑)인 경우 유대 율법은 유죄가 입증된 후 최소한 하루가 지난 다음에 선고를 내리도록 했다. 이런 등등의 사실이 나사렛 예수에 대한 재판 과정은 불법이었음을 말해 줍니다."[4]

베드로의 부인(否認)

마태복음 26:58,69-75　요한복음 18:15-18,25-27

"순서의 차이는 있지만 베드로의 부인에 관한 슬픈 기사가 모든 복음서에 다 실려 있습니다. 이것은 안나스와 가야바 앞에서 비합법적이고 비공식적인 공회의 재판이 진행되고 있던, 적어도 한 시간 이상에 걸쳐 일어났던 사건입니다.… 겟세마네에 갑자기 들이닥친 적들 앞에서 열한 제자 모두 경황없이 예수님을 버려 두고 도망갔으나, 이들 중 둘은 용기를 내고 돌아와서 성 서편에 위치한 대제사장의 집으로 예수님을 끌고 가는 무리의 뒤를 따랐습니다. 요한은, 그 이름이 나타나 있지는 않지만, 무리와 함께 도착하자마자 안으로 들어갔는데, 그는 아마도 대제사장과 개인적으로 아는 사이였던 것 같습니다. 베드로는 죽기까지 예수님을 좇겠다고 장담했고 무모하게 대제사장의 종 말고의 귀를 베기까지 했지만, 막상 예수님께서 끌려가실 때에는 멀찍이서 예수님을 좇았습니다. 다른 제자들은 관원들이 두려워 몸을 피했습니다. 베드로는 지도자로서 더 큰 책임이 있었습니다. 이때 그도 공포와 두려움에 차 있긴 마찬가지였지만, 그에게는 여전히 수님을 사랑하는 마음이 있었습니다."[5]

공부할 과제: 이 구절의 겁쟁이 베드로와 사도행전 2-4장의 용감한 베드로를 비교해 볼 것. 무엇이 베드로를 이렇게 변화시켰는가?
참조 구절: 사도행전 1:8, 2:3, 2:14-21, 3:6, 4:13, 4:18-20, 4:33

6. 베드로가 예수님께서 붙잡히실 때에는 용감한 수호자였다가 대제사장의 뜰에서는 맹세로 저주까지 한 겁쟁이가 된 이유는 무엇이라고 생각합니까?

---

4. William Hendriksen, *The Gospel of Mark* (Grand Rapids, Michigan: Baker Book House, 1979), page 607.

5. J. W. Shepard, *The Christ of the Gospels* (Grand Rapids, Michigan: William B. Eerdmans Publishing Company, 1939), page 578.

유다의 자살

마태복음 27:3-10 사도행전 1:16-19

유다는 예수님께서 유대 공회에 의해 정죄받은 것을 알고는, 양심의 가책을 받아 돈을 유대 지도자들에게 되돌려주려고 했지만, 그들은 그것을 받으려 하지 않았습니다. 유대의 법은 불법적인 방법으로 얻은 돈을 성전에서 사용하는 것을 금했습니다. 그들 자신의 법 체계를 악용해 죄 없는 예수님을 정죄했던 사람들이 유다의 돈은 법에 어긋난다고 받을 수 없다는 것입니다!

7. 베드로가 예수님의 담대한 증인이 된 반면에, 유다는 자살하게 된 이유가 어디 있다고 생각합니까?

____

____

8. 베드로(마태복음 26:75)와 유다(마태복음 27:4)는 둘 다 그들의 행동을 뉘우쳤습니다. 고린도후서 7:10에 의하면, 그 두 사람의 결국이 그렇게 다른 차이가 나게 된 이유가 어디에 있습니까?

____

____

로마인의 재판

주후 30년 봄 금요일 아침

마태복음 27:2,11-31 마가복음 15:1-20 누가복음 23:1-25 요한복음 18:28-19:16

"가야바와 그의 추종자들로부터 심문을 당하신 후, 예수님께서는 두 번째 재판 무대를 향해 로마 통치자에게로 끌려가셨습니다. 본디오 빌라도는 6년 동안 총독으로 있으면서 그 자리를 지키는 것이 쉽지 않다는 것을 잘 알게 되었습니다. 유대 직할 식민지는 티베리우스 황제의 방대한 제국에서 문제가 가장 많은 지역의 하나였습니다. 그러나 빌라도는 끊임없이 제기되는 통치상의 문제들을 필요 이상으로 과격하고 무자비하게 다루었기 때문에 백성들로부터 신망을 얻지 못했습니다. 그는 유대인들을 멸시했으며, 유대의 종교적 전통에 대해서도 인정하질 않았습니다. 공회도 일반 백성들도 빌라도에 대해서는 호의적이지 않았습니다. 그러나…이제 가야바와 그 측근들은 통치자에게 좋은 인상을 주어 그를 자기네 편으로 끌어들임으로써 예수님을 사형에 처하고자 했습니다."[6]

6. James S. Stewart, *The Life and Teaching of Jesus Christ* (Edinburgh: The Committee on Publications, the Church of Scotland, 1933), pages 175-176.

9. 복음서의 저자들은 로마인의 재판을 여러 측면에서 기록하고 있습니다. 아래 표에 빈칸을 채워 이 사건을 종합해 보십시오.

사건 및 관련 구절	반응, 질문 및 고소 내용	예수님의 답변 또는 행동	예수님과 그의 반응에 대한 처리
빌라도 앞에서			
누가복음 23:1-7	2절 "우리 백성을 미혹하고 가이사에게 세 바치는 것을 금하며 자칭 왕 그리스도라 하더이다."		
	3절 "네가 유대인의 왕이냐?"	3절 ______ ______	
	4절 "내가 보니 이 사람에게 죄가 없도다."		
	6절 "저가 갈릴리 사람이냐?"		7절 ______ ______
헤롯 왕 앞에서			
누가복음 23:8-12	9절 헤롯은 예수님께 여러 말로 물었다.	9절 ______ ______ ______ ______ ______ ______	11절 ______ ______ ______ ______ ______ ______

사건 및 관련 구절	반응, 질문 및 고소 내용	예수님의 답변 또는 행동	예수님과 그의 반응에 대한 처리
다시 빌라도 앞에서			
누가복음 23:13-25	14-15절		
	16절	18,21,23절 (백성들의 반응)	24,25절

빌라도는 유대 관습을 경시했던 관계로 결국 자리에서 물러나게 되었습니다. 그의 남은 생애에 대한 분명한 기록은 없지만, 두 가지 이야기가 전해 오고 있습니다. 관직을 물러난 후 맞닥뜨리게 된 수많은 문제들 때문에 자살했다는 이야기가 있는가 하면, 후일 그리스도인이 되었다는 이야기도 있습니다.

10. 마가복음 11:1-11과 마가복음 15:6-15에 나오는 두 군중들을 비교해 보십시오. 무엇이 이러한 변화를 초래하였다고 생각합니까?

십자가에 못박히심

마태복음 27:31-56 마가복음 15:20-41 누가복음 23:26-49 요한복음 19:16-37

십자가에 못박는 것은 로마의 사형 방법으로서 노예와 외국인들에게만 해당되었으며 로마 시민에게는 해당되지 않았습니다. 보통 십자가에 달린 사형수는 며칠이 지나야 죽게 되는데, 숨이 끊어지기까지는 극심한 고통이 따랐습니다.

"여기서 우리는 십자가의 원래 의미에 대해서 다시 돌이켜보는 것이 좋을 것입니다. 세월이 가면서 기독교인들은 점차 십자가에 아름다운 후광을 입혀 왔습니다.… 그러나, 십자가는 본래 말할 수 없이 부끄럽고 욕된 것이었다는 사실을 잊어서는 안 됩니다.… 십자가형은 로마가 노예와 사악한 죄수들에게 내렸던 극형이었던 것입니다."[7]

"역사적으로 볼 때, 십자가에 못박을 때는 옷을 다 벗기는 것이 관례였습니다. 발가벗겨진다는 것은 또 하나의 엄청난 굴욕이었습니다. 십자가형이 사형 집행 방법으로 사용되기 훨씬 이전, 시편 22편에서 이에 대해 너무나 분명하게 묘사하고 있다는 것은 놀라운 일이 아닐 수 없습니다.… 바로 삼위일체 하나님께서 우리를 구원하시기 위해 예수님께서 돌아가실 방법과 때를 정하시고 계획하셨던 것입니다. 그는 우리를 위해 대신 고난당하셨으며, 우리로 영원토록 하나님과 함께하도록 하시기 위해 하나님 아버지로부터 버림받으셨습니다. 그는 우리의 죄의 수치를 담당하시고 죄와 수치로부터 우리를 영원히 벗어나게 하시기 위해 사람들 앞에서 부끄러운 죽음을 당하셨습니다.… 이것이 대속입니다. 그렇습니다. 십자가에 달리심으로 그는 우리의 모든 죄를 대속하셨습니다. 그리고 고통 가운데서도 자기를 십자가에 못박은 사람들을 위해 기도하셨습니다."[8]

11. 예수님의 십자가 죽음에 대한 이해를 돕기 위해 아래 표의 빈칸을 채우십시오.

관련 구절	예수님께서 겪으신 일	사람들의 반응
누가복음 23:26-33	26절 ____________ ____________	27절 ____________ ____________
요한복음 19:18-24	18절 ____________ ____________ ____________ 19절 ____________ ____________	21절 ____________ ____________ ____________

참조 구절:
십자가 죽음에 대한 상세한 예언의 말씀으로 시편 22:1-18을 읽어 볼 것.

7. James S. Stewart, *The Life and Teaching of Jesus Christ* (Edinburgh: The Committee on Publications, the Church of Scotland, 1933), page 181.

8. Francis and Edith Schaeffer, *Everybody Can Know* (Wheaton, Illinois: Tyndale House Publishers, 1974), page 365.

관련 구절	예수님께서 겪으신 일	사람들의 반응
요한복음 19:18-24	23절	24절
누가복음 23:35-43	35-37절	35-36절 39-42절
요한복음 19:25-30	26-27절 28절 30절	25-26절
요한복음 19:31-37	33절 34절	

12. 예수님께서 십자가 위에서 말씀하신 일곱 가지 말씀 각각에 대해 묵상하고 그 함축된 의미와 그 적용을 기록하십시오.

"아버지여, 저희를 사하여 주옵소서. 자기의 하는 것을 알지 못함이니이다"(누가복음 23:34).

____

____

____

개인 적용 : ______________________________

____

"내가 진실로 네게 이르노니, 오늘 네가 나와 함께 낙원에 있으리라"(누가복음 23:43).

____

____

____

개인 적용 : ______________________________

____

"보소서, 아들이니이다.… 보라, 네 어머니라"(요한복음 19:26-27).

____

____

개인 적용 : ______________________________

____

"나의 하나님, 나의 하나님, 어찌하여 나를 버리셨나이까?"(마태복음 27:46).

____

____

개인 적용 : ______________________________

____

"내가 목마르다"(요한복음 19:28).

____

____

개인 적용 : ______________________________

____

"다 이루었다"(요한복음 19:30).

관찰: 이제 예수님께서는 이땅에 보내심을 받은 사명을 성취하셨다 (마태복음 1:21 참조).

개인 적용 :

"아버지여, 내 영혼을 아버지 손에 부탁하나이다"(누가복음 23:46).

개인 적용 :

13. 참고 자료를 활용해 예수님의 죽음에 따른 다음 표적들이 각기 무슨 의미가 있는지를 기록하십시오(마태복음 27:51-56).

성소 휘장이 위로부터 아래까지 찢어져 둘이 됨

무덤들이 열리며, 자던 성도의 몸이 많이 일어남

장사되심

주후 30년 봄 금요일 늦은 오후

마태복음 27:57-66 마가복음 15:42-47 누가복음 23:50-56 요한복음 19:38-42

아리마대 사람 요셉은 부유하고(마태복음 27:57), 경건하였으며(누가복음 23:50), 공회원이었지만(마가복음 15:43) 예수님을 없이하자는 모의에 동의하지 않았던 사람입니다. 그는 예수님의 숨은 제자였습니다(요한복음 19:38). 그러나 이제는 니고데모와 함께 용기를 내어 예수님의 시체를 가져가기를 구하였습니다. 본디오 빌라도는 예수님께서 정말로 죽었다는 것을 백부장에게서 확인받고(마가복음 15:44), 요셉의 청을 들어주었습니다.

예수님께서는 대략 오후 3시경에 숨을 거두셨으며, 공적인 안식일이 시작되기 전, 늦어도 오후 6시까지는 장사를 지내야 했습니다. 시체를 밤새도록 나무 위에 방치해 두는 것은 율법에 어긋나는 일이었으며(신명기 21:23), 유월절 안식일에는 장사를 지낼 수가 없었기 때문입니다.

니고데모는 몰약과 침향 섞은 것을 가져 왔고, 요셉은 정한 세마포와 자기의 새 무덤을 제공했습니다. 요셉이 그의 무덤에 예수님을 장사지냄으로써 이사야 53:9의 예언이 성취되었습니다. "…그 무덤이 악인과 함께 되었으며, 그 묘실이 부자와 함께 되었도다."

14. 예수님의 장사와 관련된 주요 사실들을 기록하십시오.

무덤(마태복음 27:60) ______________________________

____

____

장례 절차(요한복음 19:39-40) ______________________________

____

____

큰 돌(마태복음 27:60) ______________________________

____

____

인봉(印封)(마태복음 27:66) ______________________________

____

____

파수꾼(마태복음 27:65-66) ______________________________

____

____

15. 유대 종교 지도자들이 무덤에 파수꾼을 두게 한 이유는 무엇입니까?(마태복음 27:62-64)

____

____

요약

그리스도의 마음

예수님께서는 십자가 위에서 놀라운 용서의 사랑을 보여 주셨습니다.

1. 예수님께서는 무엇이라고 말씀하셨습니까?(누가복음 23:34)

____

____

우리의 영적 목표: "너희 안에 이 마음을 품으라. 곧 그리스도 예수의 마음이니"(빌립보서 2:5).

2. 무리들과 군병들, 나아가서는 죄수 중 한 사람까지도, "네가 그리스도여든 네가 너를 구원하라"며 예수님을 비웃었습니다. 예수님께서는 능히 십자가에서 내려오실 수 있었지만, 아버지의 뜻에 순종하는 편을 택하셨습니다. 로마서 12:19을 볼 때, 예수님께서는 무슨 생각을 하셨을 것 같습니까?

____

____

3. 예수님께서 나타내 보여 주신 성품은 용서였습니다. 다음 구절들에서 다른 사람을 용서해야 하는 이유를 찾아보십시오.

   에베소서 4:32 ______________________________

   ____

   마태복음 6:14-15 ____________________________

   ____

   마태복음 5:23-24 ____________________________

   ____

개인 적용

다음 구절들은 우리의 "적"을 어떻게 대해야 한다고 말합니까?

마태복음 5:44 ______________________________

____

로마서 12:14,20-21 ____________________________

____

1. 당신이 용서해야 할 사람(들)에 대해 생각하고 그 이름(들)을 적으십시오.
2. 하나님 아버지께 나아가 진실로 그 사람(들)을 용서할 수 있도록 도와주시기를 기도하십시오. 그리고 바로 이 순간부터 그(들)을 용서한다고 주님께 말씀드리십시오.
3. 마태복음 5장과 로마서 12장을 읽고, 당신의 용서가 필요한 사람에게 선을 베풀 수 있는 구체적인 계획을 세우고, 이를 실천에 옮기기 위한 구체적인 조처를 취하십시오.

제 6 장

예수님의 승리와 지상사명

마지막 훈련과 지상사명

데가볼리, 갈릴리, 유대, 베레아, 사마리아의 위치를 지도에 표시하십시오.

성경을 찾아, 다음 사건들이 일어났던 곳의 지명을 쓰고 지도에 표시하십시오.

1. 앞 장에서 마지막 머무르신 곳

 ____

2. 부활하심과 첫 번째 나타나심 (마가복음 16:1,2,6)

 ____

3. 두 제자에게 나타나심 (누가복음 24:13)

 ____

4. 베드로와 사도들에게 나타나심 (누가복음 24:33)

 ____

5. 제자들과 무리에게 나타나심 (요한복음 20:26)

 ____

6. 일곱 사도에게 나타나심 (요한복음 21:1)

 ____

7. 지상사명 (마태복음 28:16)

 ____

8. 지상사명을 다시 일깨우심 (사도행전 1:4)

 ____

9. 승천(사도행전 1:12)

 ____

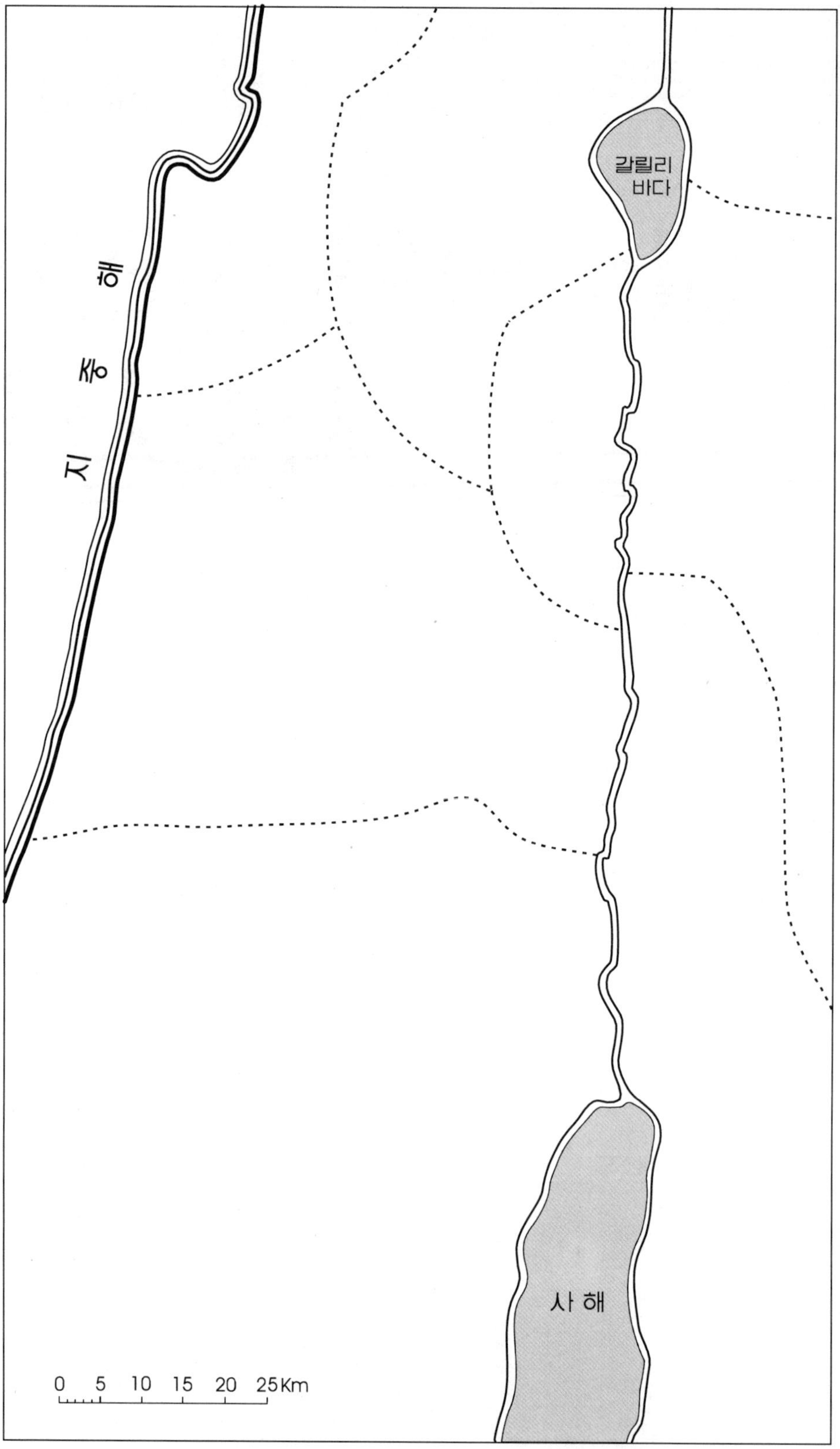

예수님의 승리와 지상사명

그러나 이제
그리스도께서
죽은 자 가운데서
다시 살아
잠자는 자들의
첫 열매가 되셨도다.
고린도전서 15:20

예수님께서 십자가에서 돌아가시고 무덤에 묻히시자 제자들은 이로써 모든 것이 끝나 버린 줄로 알았습니다. 그들은 예수님을 메시야라고 믿어 왔습니다. 예수님께서는 자신이 죽게 될 것을 여러 차례에 걸쳐 말씀하셨지만, 제자들은 여전히 예수님께서 다윗의 위를 회복하시고 예루살렘에서 통치하실 것이라고 믿었습니다. 그러나 십자가의 죽음으로 그들의 꿈은 무산되고 말았습니다. 이제 그들에게는 고향에 되돌아가, 버려 두었던 생업에 다시 종사하는 일밖에는 없는 것처럼 보였습니다. 그들은 예수님께서 붙잡혀 가실 때 두려워 도망쳤지만, 예루살렘을 벗어나지는 않았습니다.

부활하심과 첫 번째 나타나심

주후 30년 봄 일요일 이른 아침

마태복음 28:1-15 마가복음 16:1-11 누가복음 24:1-12 요한복음 20:1-18

일요일 아침 깜짝 놀랄 일이 일어났습니다. 예수님께서 묻히셨던 무덤이 텅 빈 것입니다! 과연 전에 말씀하신 대로 죽은 자 가운데서 다시 살아나신 것입니다.

1. 그 부활의 아침에 일어난 사건들을 순서대로 이해하기 위해서는 모든 복음서를 통괄해 볼 필요가 있습니다. 아래 표 위에 그 사건들을 재구성해 보십시오.

관련 구절	관련된 사람들	사건
마태복음 28:2-4		

관련 구절	관련된 사람들	사건
마가복음 16:1-8		
요한복음 20:2-10		
마가복음 16:9-11 요한복음 20:11-18 첫 번째 나타나심		
마태복음 28:9-10 두 번째 나타나심		

2. 만일 예수님의 부활이 사실이 아니라면, 우리의 믿음은 헛것이 될 것입니다(고린도전서 15:14). 성경 말씀을 가지고 다음 주장들을 반증해 보십시오.

   예수님께서는 죽지 않으셨다(요한복음 19:33, 마가복음 15:44-45) ____________

   제자들이 시체를 훔쳐 갔다(마태복음 27:62-66) ____________

   대제사장과 장로들이 시체를 가져 갔다(마태복음 28:2-4,11-15) ____________

   여자들이 무덤을 잘못 찾아갔다(마태복음 28:5-6) ____________

3. 당신이 취재 기자가 되었다고 할 때, 어떤 질문들을 던져서 군병들의 거짓말을 폭로할 수 있겠습니까?(마태복음 28:11-15)

   가. ____________

   나. ____________

   다. ____________

엠마오 도상에 나타나심

주후 30년 봄 일요일 오후

누가복음 24:13-35

부활하신 예수님께서 세 번째로 나타나신 것은 두 제자 즉 글로바와 이름이 알려지지 않은 다른 한 제자에게였습니다. 그 두 사람은 아마도 무교절 동안 예루살렘에 머물러 있다가, 이제 수도에서 북서쪽으로 11km 떨어진 엠마오로 돌아가는 중이었던 것 같습니다. 그들은 비통한 마음으로 그 사이 일어났던 놀라운 일들에 대해 이야기하면서 혼잡한 길을 따라 천천히 걷고 있었습니다. 그때 예수님께서 다가와 그들과 함께하셨습니다.

4. 예수님께서는 자신을 이 사람들에게 어떻게 나타내셨습니까?

5. 예수님과 대화하는 동안 제자들이 나타냈던 반응들을 써보십시오.
   21절
   31절
   32절

6. 당신이 예수님을 당신의 구주요 주님으로 인정하고 받아들이기 전에 예수님께서는 어떻게 자신을 당신에게 나타내 주셨습니까?

베드로와 사도들에게 나타나심

주후 30년 봄 일요일 저녁

누가복음 24:33-43 요한복음 20:19-25

예수님께서 떠나가신 뒤, 그 두 제자는 엠마오에서 예루살렘으로 되돌아와 자기들에게 일어난 일을 열한 사도 및 함께한 사람들에게 이야기하였습니다. 그때 마침 그들은 부활하신 예수님께서 네 번째로 - 베드로에게(누가복음 24:34, 고린도전서 15:5) - 보이셨던 것을 함께 이야기하고 있던 중이었습니다. 그런데 갑자기 예수님께서 그들 모두가 모인 자리에 나타나셨습니다.

7. 예수님께서는 놀란 제자들 앞에서 자기의 몸이 부활하였다는 것을 증명하기 위해 무엇을 하셨습니까?(누가복음 24:39-43) 이것이 어떻게 예수님의 육체적인 부활을 증명해 줍니까?

8. 이때 예수님께서 제자들에게 주신 지시 사항들은 무엇입니까?(요한복음 20:21)

9. 도마는 다른 제자들의 증거에 대해 왜 그와 같은 반응을 나타냈습니까?(요한복음 20:24-25)

도마에게 나타나심

주후 30년 봄 일요일, 한 주일 후

요한복음 20:26-31

이 시점에 이르면 복음서의 기록을 통해 예수님의 자취를 추적하기는 쉽지 않습니다. (예를 들면, 누가복음 24장 43절과 44절 사이에는 40일의 간격이 있습니다. 43절은 부활하신 날에 대한 기록이며, 44절은 승천하신 날에 대한 기록입니다.) 그렇기 때문에 예수님께서 지상에서 보내신 마지막 40일간의 정확한 행적에 대해서는 복음서 이곳 저곳을 두루 살펴보아야 할 필요가 있습니다.

10. 예수님께서는 두 번째로 사도들에게 나타나셨을 때 도마를 어떻게 대하셨습니까?(요한복음 20:27)

관찰:
예수님께서는 믿음의 질을 중요하게 여기심. 요한복음 20:29에서 도마에게 "너는 나를 본 고로 믿느냐? 보지 못하고 믿는 자들은 복되도다"고 하심.

11. 여기서 도마가 나타낸 반응(요한복음 20:28)을 이전의 반응(요한복음 20:24-25)과 비교하여 보십시오.

갈릴리 해변에 나타나심

주후 30년 봄 얼마 후 갈릴리에서

요한복음 21:1-25

예수님께서는 갈릴리의 낯익은 해변에서 다시 일곱 제자에게 나타나셨습니다. “예루살렘에 머물렀던 지난 주간은 이들에게 시련과 혼돈의 나날이었습니다.…

“그들을 낙담케 하는 사건들이 꼬리에 꼬리를 물고 일어났던 예루살렘은 그들에겐 낯이 선 곳이었지만… 갈릴리는 예나 다름없이 그들을 반겨 주었습니다. 눈에 익은 정경들, 잔잔한 호수 위에 춤추는 고깃배들, 코끝에 물씬거리는 생선 내음….”[1] 갈릴리에 돌아온 그들은 거칠고 힘든 그물질을 다시 시작했습니다.

12. 이때 예수님께서 이들에게 나타나신 것은 어떤 점에서 중요합니까?

13. 예수님께서 자신에 대한 베드로의 사랑을 확인하는 질문을 세 번씩이나 되풀이하신 이유는 무엇입니까?(마태복음 26:33-35,69-75)

1. Merrill C. Tenney, *John: The Gospel of Belief* (Grand Rapids, Michigan: William B. Eerdmans Publishing Company, 1948), page 288.

14. 예수님께서 베드로에게 주신 명령들은 무엇이며, 또 그것들이 의미하는 바는 무엇입니까?(요한복음 21:15-17)

지상사명(至上使命)

마태복음 28:16-20

열한 사도는 예수님께서 그들을 만나기로 약속하셨던 갈릴리로 돌아왔습니다(마태복음 26:32). 예수님께서는 네 차례나 사도들에게 나타나셔서, 그들에게 지상사명을 주셨습니다(마태복음 28:18-20).

정의:
지상사명이란 예수님께서 자기를 따르는 자들에게 주신 사명으로, 세계 모든 족속으로 제자를 삼고 제자삼는 자를 불러일으키는 일임.

15. 이 지상사명의 각 부분을 묵상하고 그것이 그 당시와 지금 제자들에게 어떻게 적용되는지 말해 보십시오.

"하늘과 땅의 모든 권세를 내게 주셨으니."

당시

지금

"그러므로 너희는 가서 모든 족속으로 제자를 삼아."

당시

지금

"아버지와 아들과 성령의 이름으로 세례를 주고."

당시

지금

"내가 너희에게 분부한 모든 것을 가르쳐 지키게 하라."

당시

지금 ______________________________

____

"볼지어다, 내가 세상 끝 날까지 너희와 항상 함께 있으리라."

당시 ______________________________

____

지금 ______________________________

____

주: 예수님께서는 육체적으로 더 이상 우리와 함께 계시지 않지만, 성령의 내주하심으로 영적으로는 우리와 함께 계십니다(요한복음 16:7).

지상사명을 일깨우심

사도행전 1:1-8

부활 후 승천하시기까지 40일간의 가르침은 성령이 오시기까지 예루살렘을 떠나지 말라는 마지막 분부로 끝을 맺었습니다.

이 기간 동안 예수님께서는 십자가 이전에 주셨던 것과 똑같은 교훈들을 주셨습니다. 이로써 제자들은 예수님과 그의 사명에 대하여 좀더 분명하게 이해할 수 있었습니다. 또 갈보리 사역 이전에 배운 가르침들과 부활 이후 40일 동안에 경험한 것들을 연관시켜 생각할 수 있게 되었습니다. 이제 바야흐로 그들은 사역에 임할 준비가 되었습니다. "모든 땅 끝까지도 우리 하나님의 구원을 보았도다"(이사야 52:10)라는 예언의 성취를 보는 예수님의 비전이 승천을 앞두고 거듭해서 말씀하신 지상사명 속에 나타나 있습니다.

16. 승천하시기 전 제자들에게 주신 마지막 분부는 무엇이었습니까?(사도행전 1:8)

____

____

____

17. 이 마지막 분부(사도행전 1:8)와 지상사명(마태복음 28:18-20)의 유사점은 무엇입니까?

마지막 분부	지상사명
가. ______________	가. ______________
______________	______________
______________	______________

나. ______________________ 나. ______________________

______________________ ______________________

____

다. ______________________ 다. ______________________

______________________ ______________________

____

18. 예수님의 지상사명과 마지막 분부에 근거해 오늘날 우리의 책임이 무엇인지 말해 보십시오.

____

____

____

____

____

____

____

____

승천하심

주후 30년 봄, 부활 40일 후

사도행전 1:9-12

예수님께서는 기드론 골짜기를 사이에 두고 예루살렘 성전 맞은편에 있는 감람산 위에서 승천하셨습니다. 이곳은 예루살렘에서 약 900m 정도 가량 떨어져 있는 언덕배기였습니다. 예수님께서는 제자들에게 마지막 분부와 축복의 말씀을 주신 후 승천하셨습니다. 제자들은 넋을 잃은 채 예수님께서 구름 속으로 사라지시는 것을 지켜보았습니다. 그때 두 천사가 나타나 예수님께서는 하늘로 가심을 본 그대로 다시 오실 것이라고 말했습니다. 제자들은 예루살렘으로 돌아와 성령의 강림을 기다렸습니다.

19. 승천의 의의는 무엇입니까?(요한복음 14:1-3)

____

____

____

____

20. 승천은 장래 일어날 무슨 일에 대한 상징입니까?(데살로니가전서 4:13-18)

직문:
우리는 예수님을 만날 준비가 되어 있는가?

21. 부활 후 나타나신 예수님의 모습을 그려 보며, 지금까지 얻은 모든 지식을 다 동원해 아래 표를 완성하십시오.

주요 구절	어디서	누구에게	예수님의 말씀
요한복음 20:11-18	예루살렘의 무덤		17절
마태복음 28:9-10	무덤에서 돌아오는 길		9절
누가복음 24:13-35	엠마오로 가는 길		27절
누가복음 24:34	(알려지지 않음)		(알려지지 않음)

주요 구절	어디서	누구에게	예수님의 말씀
누가복음 24:33-51	예루살렘		45-47절
요한복음 20:26-31	예루살렘		29하
요한복음 21:1-25	디베랴 바다 (갈릴리 바다)		17절
마태복음 28:16-20	갈릴리 어느 산		18 20절
사도행전 1:3-8	예루살렘		8절

22. 예수님의 부활은 믿는 자들에게 대단히 중요한 의미가 있습니다. 바울은 고린도전서 15:12-58에서 그중 몇 가지를 보여 줍니다. 특별히 당신에게 감명을 주는 사실은 무엇입니까? 그 이유는 무엇입니까?

공부할 과제: 하늘나라는 어떠한 곳인가? 성경은 어떻게 말하고 있는가?

대저 물이 바다를 덮음같이
여호와의 영광을 인정하는 것이
세상에 가득하리라.
하박국 2:14

요약

그리스도의 마음

이 성경공부의 주된 목표 가운데 한 가지로 우리는 예수님의 삶을 다음과 같은 관점에서 살펴보았습니다:

우리의 영적 목표: "너희 안에 이 마음을 품으라. 곧 그리스도 예수의 마음이니"(빌립보서 2:5).

- ◈ 예수님의 행동
- ◈ 그 행동 이면에 있는 예수님의 생각
- ◈ 예수님의 인격

각 장 마지막에 인용된 말씀, 빌립보서 2:5을 아래에 옮겨 적으십시오.

그리스도처럼 생각하면, 그리스도처럼 행하며 또한 주님의 인격을 닮게 됩니다.

점점 더 예수님을 닮아 나갈 수 있기 위해서는 초자연적인 도움이 있어야 합니다. 이 도움은 매우 특별하신 분, 곧 성령을 통해서 받을 수 있습니다. 당신이 주 예수님 안에서 거듭난 그리스도인이라면, 당신 안에 성령께서 내주하십니다.

1. 사도행전 1:4,5에서 예수님께서는 제자들에게 어떤 지침을 주셨습니까?

그 이유는 무엇입니까?(사도행전 1:8상)

____

____

2. 갈라디아서 5:16은 무엇이라고 말합니까?

____

____

17절에 의하면 성령께서는 당신을 위해 무엇을 하십니까?______________

____

____

3. 성령을 따라 행할 때 맺게 되는 성령의 열매는 무엇입니까?(갈라디아서 5:22-23)

____

____

개인 적용

데살로니가전서 5:19에서는 "성령을 소멸치 말라"고 말하며, 에베소서 4:30에서는 "성령을 근심하게 하지 말라"고 말합니다.

반면, 에베소서 5:18에서는 "성령의 충만을 받으라"고 말합니다. 당신의 삶 가운데 있는 죄가 성령을 소멸하며, 성령을 근심하게 합니다. 죄를 자백하며(요한일서 1:9), 예수님과 그 말씀에 순종하는(요한복음 15:7-8) 것이 성령 충만한 삶의 비결입니다.

1. 당신과 하나님의 관계를 해치는 죄를 가지고 나아가 하나님께 자백하십시오. 특히 당신이 약한 영역에서 도와주시기를 기도하십시오.
2. 로마서 12:1-2의 말씀과 같이 전적으로 당신의 삶을 하나님께 드리십시오.

   "그러므로 형제들아, 내가 하나님의 모든 자비하심으로 너희를 권하노니 너희 몸을 하나님이 기뻐하시는 거룩한 산 제사로 드리라. 이는 너희의 드릴 영적 예배니라. 너희는 이 세대를 본받지 말고 오직 마음을 새롭게 함으로 변화를 받아 하나님의 선하시고 기뻐하시고 온전하신 뜻이 무엇인지 분별하도록 하라."

   이 두 구절의 말씀과 같이 살 수 있게 해달라고 하나님께 구하십시오.

3. 에베소서 5:18 말씀대로 성령 충만함을 받을 수 있게 해달라고 기도하십시오. 믿음으로 주장하십시오.

죄나 헌신의 부족으로 말미암아 하나님과의 교제가 깨어졌을 때 이 세 단계를 반복하십시오.

주님을 닮기 위해서는
성령의 능력을 의뢰해야 합니다.

참고 문헌

Alexander, David and Patricia(eds.). *Eerdmans Handbook of the Bible.* Grand Rapids, Michigan: William B. Eerdmans Publishing Company, 1973.
Baxter, J. Sidlow. *Explore the Book.* Volume V. Grand Rapids, Michigan: Zondervan Publishing House, 1960.
Bruce, Alexander Balmain. *The Training of the Twelve.* New York: Doubleday & Company, Inc., 1928.
Daniel-Rops, Henri. *Daily Life in the Time of Jesus.* New York: Hawthorn Books, 1962.
Edersheim, Alfred. *The Life and Times of Jesus the Messiah.* Two Volumes. Grand Rapids, Michigan: William B. Eerdmans Publishing Company, n.d.
Geldenhuys, Norval. *Commentary on the Gospel of Luke.* Grand Rapids, Michigan: William B. Eerdmans Publishing Company, 1951.
Gundry, Robert H. *A Survey of the New Testament.* Grand Rapids, Michigan: Zondervan Publishing House, 1970.
Guthrie, Donald. *Jesus the Messiah.* Grand Rapids, Michigan: Zondervan Publishing House, 1972.
Hendriksen, William. *New Testament Commentary: The Gospel of Matthew.* Grand Rapids, Michigan: Baker Book House, 1973.
Marshall, I. H. "The Gospel According to Luke," *The New Bible Commentary Revised.* Grand Rapids, Michigan: William B. Eerdmans Publishing Company, 1970.
McNicol, J. "The Gospel According to Luke," *The New Bible Commentary.* Grand Rapids, Michigan: William B. Eerdmans Publishing Company, 1965.
Mears, Henrietta C. *What the Bible is All About.* Glendale, California: Gospel Light Publication, 1966.
Metzger, Bruce M. *The New Testament, Its Background, Growth, and Content.* New York: Abingdon Press, 1965.
Morgan, G. Campbell. *The Crises of the Christ.* Old Tappan, New Jersey: Fleming H. Revell Company, 1903.
National Geographic Society. *Everyday Life in Bible Times.* Washington, D. C.: National Geographic Society, 1967.
Orr, James(ed.). *The International Standard Bible Encyclopedia.* Five Volumes. Grand Rapids, Michigan: William B. Eerdmans Publishing Company, 1956.
Pink, Arthur W. *An Exposition of the Sermon on the Mount.* Swengel, Pennsylvania: Bible Truth Depot, 1950.
Robertson, A. T. *A Harmony of the Gospels.* New York: Harper & Brothers Publishers, 1950.
Sauer, Erich. *The Dawn of World Redemption.* Grand Rapids, Michigan: William B. Eerdmans Publishing Company, 1951.
Schaeffer, Francis and Edith. *Everybody Can Know.* Wheaton, Illinois: Tyndale House Publishers, 1974.
Scroggie, W. Graham. *A Guide to the Gospels.* Old Tappan, New Jersey: Fleming H. Revell Company, n.d.
Shepard, J. W. *The Christ of the Gospels.* Grand Rapids, Michigan: William B. Eerdmans Publishing Company, 1939.
Smith, David. *The Days of His Flesh.* New York: Harper & Brothers Publishers, n.d.
Stalker, James. *Life of Christ.* Old Tappan, New Jersey: Fleming H. Revell Company, 1909.
Stewart, James S. *The Life and Teaching of Jesus Christ.* Edinburgh: The Committee on Publications, the Church of Scotland, 1933.
Tasker, R.V.G. *The Gospel According to St. Matthew- An Introduction and Commentary.* Grand Rapids, Michigan: William B. Eerdmans Publishing Company, 1961.
Tenney, Merrill C. *John: The Gospel of Belief.* Grand Rapids, Michigan: William B. Eerdmans Publishing Company, 1948.
Tenney, Merrill C. *New Testament Times.* Grand Rapids, Michigan: William B. Eerdmans Publishing Company, 1965.
Unger, Merrill F. *Unger's Bible Handbook.* Chicago: Moody Press, 1966.

도표로 본 예수 그리스도의 생애와 사역

권	장	단락	마태복음	마가복음	누가복음	요한복음
I	제1장	메시야가 오신다는 예언				
	그리스도께서	메시야의 세 가지 직분				
	오시기까지의	메시야의 신성				1:1-18
	배경	메시야의 가계(家系)	1:1-17		3:23하-38	
		지리적인 배경				
		복음서의 저자들		1:1	1:1-4	
		두 가지 약속				
		사가랴와 엘리사벳에게 주신 약속			1:5-25	
		마리아에게 주신 약속			1:26-38	
		마리아가 엘리사벳을 방문함			1:39-56	
		요한의 출생			1:57-80	
	제2장	마리아와 요셉	1:18-25			
호적(인구조사)	예수님의 탄생	예수님의 탄생			2:1-20	
주전 5년경	과 어린 시절	예수님의 유아기				
베들레헴		헌신 의식을 위한 성전 방문			2:21-39상	
		동방 박사들의 방문	2:1-12			
		애굽으로 피신	2:13-23			
유월절		예수님의 어린 시절			2:39하-52	
주후 7년경						
누가복음 2:41	제3장	세례 요한	3:1-12	1:2-8	3:1-20	1:19-28
예루살렘	예수님의	세례 받으심	3:13-17	1:9-11	3:21-23상	1:29-34
	사역을 위한	광야에서 시험받으심	4:1-11	1:12-13	4:1-13	
	준비	초기의 제자들				1:35-51
		가나의 혼인 잔치				2:1-12
유월절	제4장	첫 번째 성선 성화				2:13-25
주후 27년경	이스라엘에	니고데모와 대화하심				3:1-21
요한복음 2:13	자신을	예수님에 대한 세례 요한의 증거				3:22-36
예루살렘	나타내심	사마리아 여인의 회심				4:1-42
	제5장	갈릴리의 지리적 환경	4:12	1:14-15	4:14-15	4:43-45
	병 고침으로	신하의 아들을 고치심				4:46-54
	확증된	나사렛에서 배척받으심			4:16-30	
	사역	가버나움에 가심	4:13-17		4:31상	
		제자들을 모으심				
		몇 명의 어부들	4:18-22	1:16-20	5:1-11	
		세리	9:9-13	2:14-17	5:27-32	
		병 고침과 가르침	8:2-4	1:21-2:13	4:31하-44	
			8:14-17		5:12-26	
			9:1-8			
유월절		요한의 제자들과의 금식에 대한 토론	9:14-17	2:18-22	5:33-39	
주후 28년경		안식일에 대한 논쟁들	12:1-21	2:23-3:12	6:1-11	5:1-47
요한복음 5:1		열두 사도를 택하심	10:2-4	3:13-19상	6:12-16	
예루살렘						
	제6장	팔복(八福)	5:1-16		6:17-26	
	산상수훈	율법의 참된 의미	5:17-48		6:27-36	
		행위의 동기와 원리	6:1-8		6:37-42	
			6:14-7:12			
		훈계와 명령	7:13-8:1		6:43-49	

도표로 본 예수 그리스도의 생애와 사역

권	장	단락	마태복음	마가복음	누가복음	요한복음
II	제1장 예수님의 사역에 대한 반대	백부장의 하인을 고치심	8:5-13		7:1-10	
		과부의 아들을 살리심			7:11-17	
		세례 요한에게 확신을 더하심	11:2-30		7:18-35	
		죄 많은 여자가 향유를 부음			7:36-8:3	
		그릇된 비난을 다루심	12:22-45	3:19하-30		
		가족들이 예수님을 찾아옴	12:46-50	3:31-35	8:19-21	
		비유로 가르치심	13:1-53	4:1-34	8:4-18	
		광풍을 잔잔케 하심	8:23-27	4:35-41	8:22-25	
	제2장 예수님의 사역의 확장	귀신들린 자를 고치심	8:28-34	5:1-20	8:26-39	
		야이로의 딸을 살리심	9:18-35	5:21-43	8:40-56	
		나사렛에서 받은 두 번째 배척	13:54-58	6:1-6		
		열두 제자를 파송하심	9:36-11:1	6:7-13	9:1-6	
		세례 요한의 죽음	14:1-12	6:14-29	9:7-9	
유월절 주후 29년경 요한복음 6:4 예루살렘		오천 명을 먹이심	14:13-21	6:30-44	9:10-17	6:1-13
		물위를 걸으심	14:22-36	6:45-56		6:14-21
		생명의 떡에 관한 말씀				6:22-71
	제3장 바리새인들과의 계속되는 충돌	외식을 책망하심	15:1-20	7:1-23		7:1
		가나안 여자의 딸을 고치심	15:21-28	7:24-30		
		사천 명을 먹이심	15:29-39	7:31-8:10		
		바리새인들의 누룩	16:1-12	8:11-21		
		소경을 고치심		8:22-26		
	제4장 새로운 방향	베드로의 위대한 고백	16:13-20	8:27-30	9:18-21	
		죽음과 부활을 예고하심	16:21-28	8:31-9:1	9:22-27	
		예수님의 변형되심	17:1-13	9:2-13	9:28-36	
		귀신들린 아이를 고치심	17:14-21	9:14-29	9:37-43상	
		가버나움에 돌아오심	17:22-23	9:30-32	9:43하-45	
		성전세를 내심	17:24-27			
		예수님의 설교	18:1-35	9:33-50	9:46-50	
		예루살렘 여행	8:18-22 19:1-2	10:1	9:51-62	7:2-10
	제5장 예루살렘에서 있었던 일	생수에 관한 말씀				7:11-53
		간음한 여자에 대한 자비				8:1-11
		예수님 자신에 대한 가르침				8:12-59
		날 때부터 소경 된 자를 고치심				9:1-41
		선한 목자에 관한 말씀				10:1-21
		칠십 명의 새 일꾼			10:1-24	
		선한 이웃			10:25-37	
		마리아와 마르다를 방문하심			10:38-42	
	제6장 반대 가운데서도 계속되는 사역	기도에 관한 가르침	6:9-13		11:1-13	
		종교 지도자들의 실상을 드러내심			11:14-54	
		사람들에게 주신 경고			12:1-13:21	
		수전절				10:22-42
		예수님과 바리새인들			13:22-14:24	
		따르는 무리에게 도전하심			14:25-35	

도표로 본 예수 그리스도의 생애와 사역

권	장	단락	마태복음	마가복음	누가복음	요한복음
III	제1장 배척 가운데 주신 가르침	세 가지 비유			15:1-32	
		제자들을 가르치심			16:1-17:10	
		나사로를 살리심				11:1-54
		문둥병자들을 깨끗케 하심			17:11-19	
		하나님의 나라			17:20-37	
		기도에 관한 두 가지 비유			18:1-14	
		결혼과 이혼	19:3-12	10:2-12		
		예수님과 아이들	19:13-15	10:13-16	18:15-17	
		부자 청년	19:16-20:16	10:17-31	18:18-30	
		야고보와 요한을 꾸짖으심	20:17-28	10:32-45	18:31-34	
	제2장 승리의 예루살렘 입성	여리고에서 있었던 일				
		바디매오를 고치심	20:29-34	10:46-52	18:35-43	
		삭개오의 회개			19:1-10	
		므나의 비유			19:11-28	
		베다니에 도착하심				11:55-12:1 12:9-11
		승리의 입성	21:1-11,14-17	11:1-11	19:29-44	12:12-19
		상징적인 사건들				
		무화과나무를 저주하심	21:18-19상	11:12-14		
		두 번째 성전 정화	21:12-13	11:15-19	19:45-48	
		헬라인들의 방문				12:20-50
		긴 하루				
		무화과나무가 마름	21:19하-22	11:20-26		
		예수님의 권세에 대한 질문	21:23-27	11:27-33	20:1-8	
		경고로 주신 세 가지 비유	21:28-22:14	12:1-12	20:9-19	
		세 가지 질문	22:15-40	12:13-34	20:20-40	
		예수님의 질문	22:41-46	12:35-37	20:41-44	
	제3장 계속되는 충돌과 가르침	제자들에게 경계하심	23:1-12	12:38-40	20:45-47	
		바리새인들에 대한 통책	23:13-39			
		과부의 두 렙돈		12:41-44	21:1-4	
		감람산의 가르침	24:1-25:46	13:1-37	21:5-36	
		십자가의 죽음에 대한 예언	26:1-5	14:1-2	22:1-2	
		장례를 위한 기름 부음	26:6-13	14:3-9		12:2-8
		유다와 대제사장들의 은밀한 모의	26:14-16	14:10-11	22:3-6	
유월절 주후 30년경 요한복음 13:1 예루살렘	제4장 제자들에게 주신 마지막 가르침	최후의 만찬을 위한 준비	26:17-19	14:12-16	22:7-13	
		유월절을 함께하심	26:20	14:17	22:14-16,24-30	
		제자들의 발을 씻기심				13:1-20
		배반당할 것을 말씀하심	26:21-25	14:18-21	22:21-23	13:21-30
		성찬의 제정	26:26-29	14:22-25	22:17-20	13:31-35
		주여, 어디로 가시나이까?	26:30	14:26		13:36-14:31
		열매 맺는 삶에 대한 말씀				15:1-27
		장래 일을 말씀하심				16:1-33
		위대한 대제사장으로서의 기도				17:1-26
		베드로가 부인할 것을 예고하심	26:31-35	14:27-31	22:31-38	

도표로 본 예수 그리스도의 생애와 사역

권	장	단락	마태복음	마가복음	누가복음	요한복음
III	제5장 십자가에 못박히심	겟세마네의 고뇌	26:36-46	14:32-42	22:39-46	18:1
		배반	26:47-56	14:43-52	22:47-54상	18:2-12
		유대인의 재판	26:57,59-68 27:1	14:53,55-65 15:1상	22:54,63-71	18:13-14,19-24
		베드로의 부인	26:58,69-75	14:54,66-72	22:54하-62	18:15-18,25-27
		유다의 자살	27:3-10 (사도행전 1:18-19)			
		로마인의 재판	27:2,11-31상	15:1하-20상	23:1-25	18:28-19:16상
		십자가에 못박히심	27:31하-56	15:20하-41	23:26-49	19:16하-37
		장사되심	27:57-66	15:42-47	23:50-56	19:38-42
	제6장 예수님의 승리와 지상사명	부활하심과 첫 번째 나타나심	28:1-15	16:1-11	24:1-12	20:1-18
		엠마오 도상에 나타나심		16:12	24:13-33상	
		베드로와 사도들에게 나타나심		16:13-14	24:33하-43	20:19-25
		도마에게 나타나심				20:26-31
		갈릴리 해변에 나타나심				21:1-25
		지상사명	28:16-20	16:15-18		
		지상사명을 일깨우심			24:44-49 (사도행전 1:3-8)	
		승천하심		16:19-20	24:50-53 (사도행전 1:9-12)	

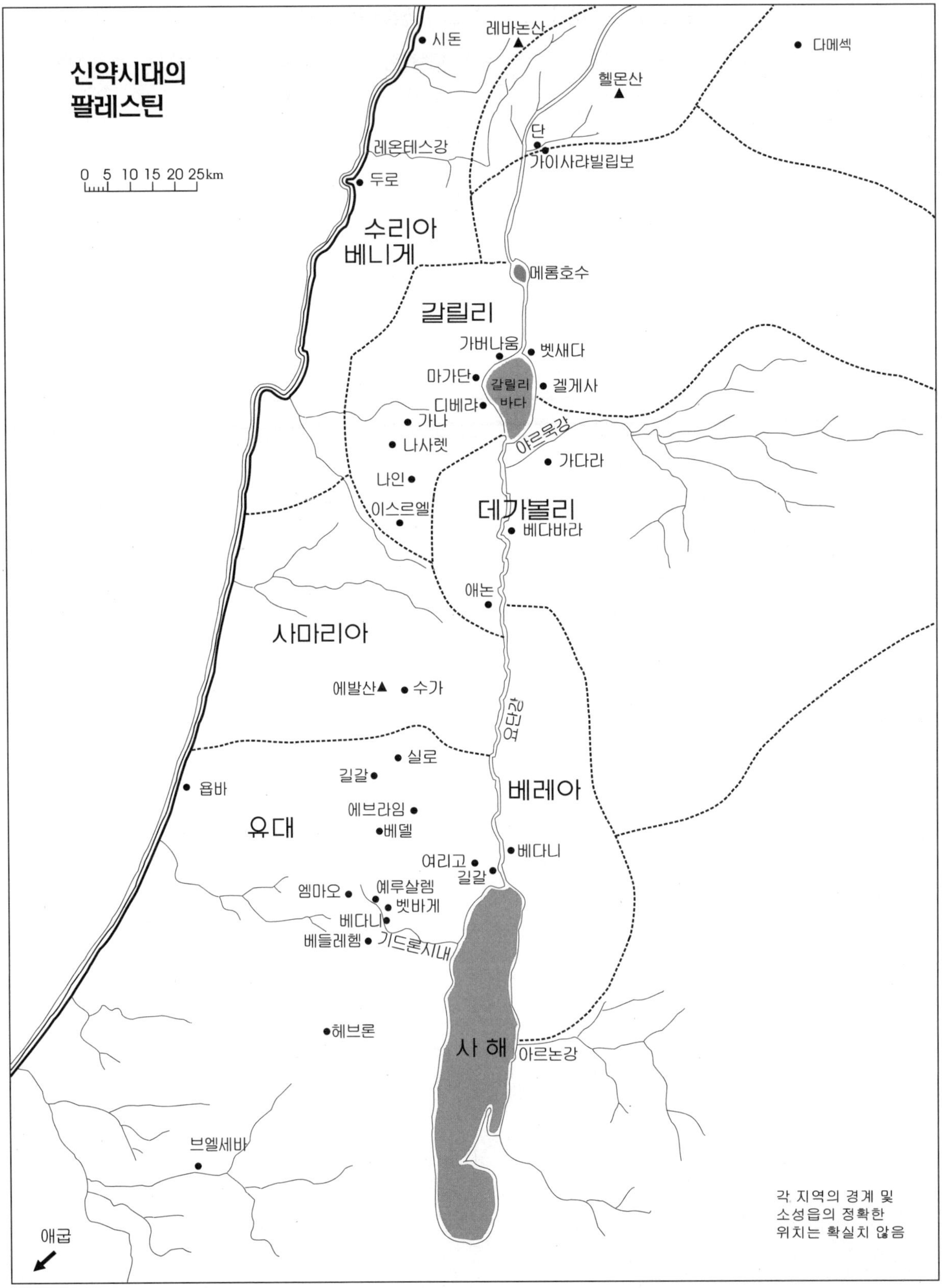
신약시대의 팔레스틴
0 5 10 15 20 25km
시돈
레바논산
다메섹
헬몬산
단
가이사랴빌립보
레온테스강
두로
수리아 베니게
메롬호수
갈릴리
가버나움
벳새다
마가단
갈릴리 바다
겔게사
디베랴
가나
나사렛
아르묵강
가다라
나인
이스르엘
데가볼리
베다바라
애논
사마리아
에발산
수가
요단강
실로
길갈
욥바
베레아
에브라임
유대
베델
베다니
여리고
길갈
엠마오
예루살렘
벳바게
베다니
베들레헴
기드론시내
헤브론
사 해
아르논강
브엘세바
애굽
각 지역의 경계 및 소성읍의 정확한 위치는 확실치 않음

안디바드리, 가이사랴
세겜, 다메섹
여리고
욥바
베데스다
연못
감람산
안토니아 요새
양문
아리마대 요셉의
동산과 무덤
골고다
(갈보리)
헤롯 성전
겟세마네 동산
빌라도의
집무실
산헤드린
승천
헤롯의 궁
가야바와
안나스의 집
다락방
기드론 골짜기
실로암못
베다니
힌놈 골짜기
빌라도의 수로
아겔다마
-피밭
1. 성소
2. 제단
3. 니가노르문
4. 여인의 뜰
5. 연보궤
6. 고린디안문(미문?)
7. 유대인과 이방인을 구별하는 벽
8. 이방인의 뜰
9. 왕의 회랑
10. 솔로몬의 행각
11. 금문
12. 남쪽에서 들어가는 지하 입구
주요 간선도로
완전히 사라진 성벽과 건물의
추정 위치
건물들의 위치는
정확하지 않을 수 있음.
그리스도 당시의
예루살렘
0 100 200 300 400m
베들레헴
헤브론, 가사
사해

영생에 이르는 다리

예수 그리스도의 생애와 사역은 예수님께서 이 세상에 오신 목적을 잘 보여 줍니다. 예수님께서는 죄에 빠진 우리를 하나님께로 인도하기 위해 오셨습니다. 아직 예수님을 구주와 주님으로 믿지 않는 사람이 있다면, 가장 먼저 해야 할 일은 예수님을 마음속에 영접함으로 하나님께로 나아가는 것입니다.

다음에 소개하는 예화는 어떻게 예수님을 자신의 구세주와 주님으로 영접하여 하나님께로 나아갈 수 있는지를 잘 설명해 주고 있습니다. 이 예화를 통해서 영생에 이르는 길을 발견하십시오.

하나님께서는 모든 사람을 사랑하시며, 모든 사람이 하나님을 알기를 원하십니다.

그러나 인간은 하나님으로부터 분리되어 하나님의 사랑을 경험할 수 없게 되었습니다.
"하나님은 저편에 계시고 사람들은 모두 이편에 있습니다"(디모데전서 2:5, 현대어성경).

인간이 하나님으로부터 분리되어 있는 이유는 무엇입니까?

그 이유는 하나님을 거역하여 죄를 지었기 때문입니다.
"오직 너희 죄악이 너희와 너희 하나님 사이를 내었고, 너희 죄가 그 얼굴을 가리워서 너희를 듣지 않으시게 함이니"(이사야 59:2).
"모든 사람이 죄를 범하였으매 하나님의 영광에 이르지 못하더니"(로마서 3:23).

그 결과는 무엇입니까?

오직 사망과 심판이 기다리고 있을 뿐입니다.
"한 번 죽는 것은 사람에게 정하신 것이요, 그 후에는 심판이 있으리니"(히브리서 9:27).
"하나님을 모르는 자들과 우리 주 예수의 복음을 복종치 않는 자들에게 형벌을 주시리니, 이런 자들이 주의 얼굴과 그의 힘의 영광을 떠나 영원한 멸망의 형벌을 받으리로다"(데살로니가후서 1:8-9).

그러나, 여기에 해결책이 있습니다.

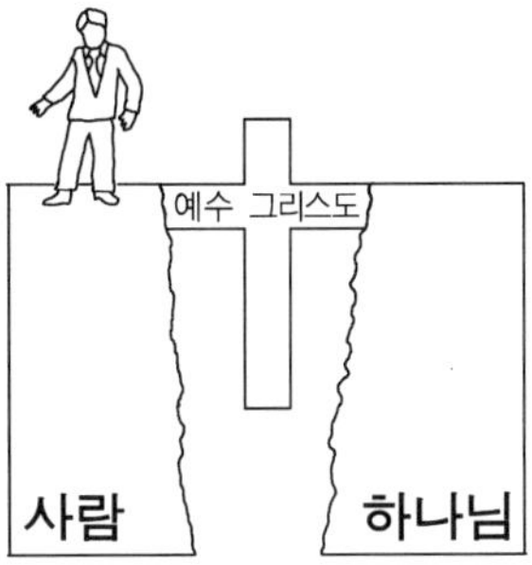

예수님께서 우리 죄를 위하여 십자가 위에서 죽으시고 부활하심으로 하나님께로 가는 유일한 다리가 되어 주신 것입니다.
"하나님은 저편에 계시고 사람들은 모두 이편에 있습니다. 그리고 사람의 몸으로 오신 그리스도 예수께서 그 중간에 서서 온 인류를 위해 당신의 생명을 내주심으로써 양편을 연결시켜 주셨습니다"(디모데전서 2:5, 현대어성경).
"그리스도께서도 한 번 죄를 위하여 죽으사 의인으로서 불의한 자를 대신하셨으니 이는 우리를 하나님 앞으로 인도하려 하심이라"(베드로전서 3:18상).

이것은 모든 사람에게 해당됩니까?

그렇습니다. 그러나 오직 예수 그리스도께서 자신의 죄를 위해 죽으시고 부활하신 것을 믿고 예수님을 마음속에 영접하는 사람들만이 이 다리를 건널 수 있습니다.
"영접하는 자 곧 그 이름을 믿는 자들에게는 하나님의 자녀가 되는 권세를 주셨으니"(요한복음 1:12).

각 사람은 그리스도를 영접할 것인지를 스스로 결정해야 합니다.

"볼지어다. 내가 문밖에 서서 두드리노니 누구든지 내 음성을 듣고 문을 열면 내가 그에게로 들어가 그로 더불어 먹고 그는 나로 더불어 먹으리라"(요한계시록 3:20).

예수님을 어떻게 영접할 수 있습니까?

"내 이름으로 무엇이든지 내게 구하면 내가 시행하리라"(요한복음 14:14).

그러므로 당신이 진심으로 다음과 같이 기도한다면 예수님께서는 즉시 시행하실 것입니다.

> 예수님, 제 마음속에 들어오셔서 저의 구주와 주님이 되어 주시옵소서. 저의 죄를 용서해 주시고, 저에게 영생을 선물로 주시옵소서.

만일 당신이 예수 그리스도를 마음속에 모셔 들였다면, 지금 영생을 소유하고 있습니다.

"또 증거는 이것이니 하나님이 우리에게 영생을 주신 것과 이 생명이 그의 아들 안에 있는 그것이니라. 아들이 있는 자에게는 생명이 있고 하나님의 아들이 없는 자에게는 생명이 없느니라"(요한일서 5:11-12).

본 책자는 세 권으로 된
예수 그리스도의 생애와 사역 시리즈 가운데 한 권입니다.
당신이 예수 그리스도의 삶과 하신 일에 대한
완전한 모습을 파악하려면 세 권을 모두 공부해야 합니다.

예수 그리스도의 생애와 사역 제Ⅲ권

개정 1쇄 발행 : 1999년 10월 20일
개정 5쇄 발행 : 2019년 8월 5일

펴낸곳 : 네비게이토 출판사 ⓒ
주소:03784 서울시 서대문구 연희로 16 (창천동)
전화:334-3305(대표), 334-3037(주문), FAX:334-3119
홈페이지: http://navpress.co.kr
출판등록: 제10-111호(1973년 3월 12일)

ISBN 978-89-375-0022-0 04230
ISBN 978-89-375-0218-7 04230(전3권)